W0084495

GEDRUCKT AUF RECYCLINGPAPIER
PRODUZIERT IN DEUTSCHLAND

Dr. Stephan Götze

Hüter der Schöpfung

Der indianische Weg zur Heilung
der Erde und des Menschen

Haben Sie Fragen an Dr. Stephan Götze?
Anregungen zum Buch?
Erfahrungen, die Sie mit anderen teilen möchten?

Nutzen Sie unser Internetforum:
www.mankau-verlag.de

mankau

Bibliografische Information der Deutschen Nationalbibliothek
Die Deutsche Nationalbibliothek verzeichnet diese Publikation in
der Deutschen Nationalbibliografie; detaillierte bibliografische
Daten sind im Internet über http://dnb.d-nb.de abrufbar.

Dr. Stephan Götze
Hüter der Schöpfung
Der indianische Weg zur Heilung der Erde und des Menschen
ISBN 978-3-86374-107-5
1. Auflage 2013

Mankau Verlag GmbH
Postfach 13 22, D-82413 Murnau a. Staffelsee
Im Netz: www.mankau-verlag.de
Internetforum: www.mankau-verlag.de/forum

Redaktion: Christina Zacker, 8550-381 Monchique, Portugal
Lektorat: Martin Stiefenhofer, Nürnberg
Endkorrektorat: Susanne Langer M. A., Traunstein
Gestaltung Umschlag: Andrea Barth, Guter Punkt GmbH & Co. KG,
München
Gestaltung Innenteil: Sebastian Herzig, Mankau Verlag GmbH

Fotos/Abbildungen:
12, 74: ericfoltz - iStockphoto.com;
34, 71, 227: privat;
44, 49: Laura Ann Carleton, 2013 © Mankau Verlag GmbH;
52: D. D. Moore, in: Richard G. Hardorff, The Oglala Lakota Crazy
Horse, 1985;
67: privat (mit freundlicher Genehmigung von John Fire Lame Deer);
118: © Geoffrey Kuchera / shutterstock;
148: VikaValter - iStockphoto.com;
166: twilightproductions - iStockphoto.com;
196: danielschoenen - iStockphoto.com;
205: Nach: Harley „Swift Deer" Reagan, Sacred Wheel Teachings and
Self-Development Techniques, 1986;
208: Nach: Sheth, J., Raju, P., Sequential and cyclical Nature of Information Process Models in repetitive Choice Behavior, in: Journal of
Advanced Consumer Research, 20, S. 348 – 358, 1974;

Druck: Druckerei C. H. Beck, Nördlingen

Der Innenteil dieses Buches wurde auf Recyclingpapier gedruckt.

INHALT

VORWORT

Im August 2012 war ich bei einem Leseabend von Ernie LaPointe in Mannheim. Ernie ist der anerkannte Urenkel von Sitting Bull. Wissenschaftlich nachgewiesen wurde dies 1992 durch einen polizeilichen Gentest: Es gab noch zwei Gegenstände aus dem Besitz von Sitting Bull (der 1890 erschossen wurde) – eine Haarlocke und seine Leggings. Der DNA-Abgleich war eindeutig, und „the Policeman had a hard time with that", berichtete Ernie schmunzelnd.

Doch wie kam es überhaupt dazu, dass Ernie LaPointe heute als Urenkel des berühmten Indianerhäuptlings auftritt? Für Indianer nämlich sind diese wissenschaftlichen Nachweise für die Abstammung bedeutungslos. Andere Kriterien sind wichtiger und entscheidender – etwa die Erscheinung von spirits, also Geistern. Es mag für uns Europäer erstaunlich klingen und unvorstellbar sein, für Indianer jedoch ist es eine völlig normale Sache, auf die Äußerungen von Geistwesen zu bauen, ihren Erscheinungen zu vertrauen und nach ihren Anweisungen zu handeln. Ich habe das selbst erlebt, und zwar nicht nur einmal. Ernie LaPointe hatte vor einigen Jahrzehnten an einer spirituellen Lakota-Zeremonie teilgenommen, bei der der verstorbene Häuptling Sitting Bull erschien und kundtat, dass ein Verwandter von ihm anwesend sei. Der einzig mögliche Kandidat war – Ernie.

Das Mannheimer Publikum bei der gut besuchten Veranstaltung im Rahmen des „Indianersommers" auf der Seebühne im Luisenpark applaudierte Ernie nach seiner Lesung stehend. Jemand aus dem Publikum stellte ihm später die Frage, was denn die Indianer, die doch so gut mit der Natur stünden, zu unseren ökologischen Problemen meinten und wie sie helfen könnten. Dazu wusste Ernie nicht viel zu sagen, außer dass man eben Respekt und Liebe zeigen müsse. Mir allerdings wurde bei dieser Veranstaltung eines klar: „Mein" Zeitpunkt war da. Es war soweit. Plötzlich dämmerte mir: Nun musste und wollte ich die Aufgabe erfüllen, die ich viele Jahre zuvor gestellt bekommen hatte – nämlich das Wissen und die Weisheit der Lakota auf meine Weise an die Öffentlichkeit zu tragen.

„You are our communicator" – „Durch dich sprechen wir": Mit diesem Satz aus dem Munde von Medizinmann Archie Fire Lame Deer wurde ich vor etwa einem Vierteljahrhundert dazu bestimmt, die Botschaft der nordamerikanischen Lakota-Indianer weiter in die Welt hinauszutragen. Diese Botschaft lautet schlicht: „Berichte, was du selbst erlebt hast, wie dieses Erleben dich verändert hat – und wie du und wir alle damit die Welt verändern können!"

URALTES WISSEN ALS WEG AUS DER SACKGASSE

Die Lakota sind bei uns unter dem Namen Sioux bekannt. Mit ihren Zelten, den Tipis, und ihrem Federschmuck haben sie unser Bild von den Indianern geprägt wie keine andere indianische Nation. Als Einzige haben sie ihre Riten und ihre Spiritualität weitgehend erhalten und bis in unsere moderne und von der Technik so abhängige Zeit bewahrt. Das fasziniert nicht nur uns; es beeindruckt nicht nur ein paar wenige Menschen, sondern mittlerweile viele Millionen auf der ganzen Welt. Auch andere Stämme der nordamerikanischen Indianer, die im Zuge der Unterdrückung und zahlenmäßigen Minimierung ihre Überlieferungen und Gebräuche verloren haben, schlossen sich in den letzten Jahren der Religion der Lakota an.

Wenn wir also etwas über den Zusammenhang zwischen Mensch und Natur erfahren wollen; wenn wir mehr wissen wollen über die Verbindung von Geist und Materie, von Glauben und Magie; wenn wir uns einer Zeit (wieder) verbunden fühlen möchten, in der Stunde und Tag nicht im Minutentakt mit Uhren gemessen werden und sich die Menschen noch eins mit der Natur fühlen – dann sind die Lakota eine erste Adresse.

Der „weiße Mann" ist mit seinen technischen Errungenschaften ursächlich verantwortlich für den Treibhauseffekt. Dieser scheint, während wir einige andere Probleme industriebedingter Umweltverschmutzung zumindest technisch wieder einigermaßen im Griff haben, ein Problem zu sein, das sich wohl nicht so schnell beheben lassen wird. Dass mittlerweile andere Nationen und Kontinente wie Asien und Indien, Südamerika, ja selbst Afrika unseren Lebensstil mit Autos und Flugzeugen, Kühlschrank, TV und Handy als erstrebenswert erachten und ihn im kleinen und großen Stil kopieren, ändert nichts daran, dass – historisch betrachtet – zunächst die Europäer, später dann die Amerikaner den Weg zum Klimawandel ebneten.

Dem gegenüber steht die Weisheit der Indianer. Wussten sie schon vor beinahe 150 Jahren, was da womöglich auf uns zukommt? „Erst wenn der letzte Baum gerodet und der letzte Fisch gefangen ist, werdet ihr feststellen, dass man Geld nicht essen kann." Dieser allseits bekannte Spruch stammt zwar von einem Cree und nicht von einem Lakota. Wir können jedenfalls nur hoffen, dass es nie so weit kommt. Angesichts der ökologischen Probleme auf unserem Planeten – ich denke da vor allem an den Klimawandel und die Ressourcenplünderung – sollten wir von denen lernen, die sich am besten mit der Natur und ihren Kreisläufen auskennen und seit jeher im Einklang mit ihr leben. Das indianische Basiswissen ist für jeden sofort nachvollziehbar, kann in jedes Weltbild integriert werden und helfen, unseren Planeten zu heilen. Man muss lediglich ein paar Grundsteine der indianischen Weltanschauung übernehmen, beispielsweise dass das ganze Universum ein Organismus ist und keine toten Steine, die zufällig in Ellipsen umeinander fliegen.

Wir sprechen den Indianern oft und berechtigterweise die Kompetenz zu, sich mit der Natur auf ihre Weise bestens auszukennen. Sie haben keine Öko-Katastrophe heraufbeschworen – wohl aber wir, trotz unserer exorbitanten Errungenschaften in Wissenschaft und Technik. Wenn wir davon ausgehen, dass die Lakota den tiefsten Geist der Natur besser verstehen als wir, auf ganz andere Weise als wir mit den vielen Details, die wir mit unseren High-Tech-Geräten zu konstruieren in der Lage sind – dann, ja dann scheint es geboten, sich das Wissen und Handeln dieses Volkes genau anzuschauen. Begleiten Sie mich auf diesem Weg!

Dr. Stephan Götze,
Wintershouse/Mannheim, im Herbst 2013

Badlands National Park,
South Dakota

WIE ALLES BEGANN

Während im „weißen Amerika" der Sezessionskrieg (1861–1865) zwischen dem Norden und Süden der Vereinigten Staaten tobte, während die meisten Teile Nordamerikas schon lange erobert und besiedelt waren und die reichen Bodenschätze und Pelztierpopulationen in Kanada längst gieriges Interesse geweckt hatten, lebten die Sioux in der zunächst kaum als interessant betrachteten Prärie von der Lebensweise des „weißen Mannes" weitgehend unbehelligt. Es war ein relativ friedliches Leben in den Great Plains, einem Gebiet, das sich von Colorado aus über Nebraska, vor allem aber über Süd- und Nord-Dakota bis nach Minnesota und Montana ausdehnt.

DER GROSSE WENDEPUNKT

Das Jahr 1877, genauer: der 7. Mai 1877, ist heute noch für unser modernes Leben von entscheidender Bedeutung. Dieser Tag markiert das Ende des freien Indianerlebens und ist – der festen Überzeugung bin ich – der ursprüngliche Beginn all der ökologischen Probleme, mit denen wir aktuell zu kämpfen haben. 1877 waren die anderen Naturvölker schon lange unterworfen. Die Lakota, die zusammen mit den Nakota und Dakota die Grand Sioux Nation bilden, waren die letzten beim Widerstand gegen die neue Welt; sie boten den Besatzern am heftigsten die Stirn. Dieser 7. Mai 1877 ist der Tag, an dem der letzte Häuptling der frei lebenden Lakota-Indianer seine monatelange und entbehrungsreiche Flucht mit einer Gruppe von Männern, Frauen und Kindern abbrach. Seit Langem hatten sie nicht mehr genug zu essen und zu trinken; dem Hungertod wollte Tashunka Witko, der unter seinem englischen Namen Crazy Horse zur Legende wurde, sie nicht ausliefern.

In Fort Robinson, Nebraska, breitete Crazy Horse an diesem Tag seine Decke aus, legte seine Habseligkeiten nieder und reichte General Crook, dem Befehlshaber in der dort ansässigen Red Cloud Agency, seine beiden Hände. Beide Hände, weil damit nach seinem indianischen Verständnis Verstand und Herz in die bevorstehende Einigung eingingen. Doch es kam anders. Nachdem die weißen Besatzer zuvor schon unzählige Male Verträge gebrochen hatten, war auch dieses Angebot, mit dem man Crazy Horse aus seinem Versteck gelockt hatte, eine Falle. Es ging nicht darum, in Frieden zu verhandeln und seinem Volk Verpflegung und ein weites Land zu sichern. Es ging nur darum, den bekanntesten und widerspenstigsten Krieger an die Kandare zu nehmen. Den letzten der Anführer der Lakota, der sich strikt weigerte, seine Freiheit aufzugeben.

EIN BLICK ZURÜCK

Die Regierung in Washington hatte einen Ansprech-partner gesucht gemäß den gesellschaftlichen Organi-sationsvorstellungen, die bei ihnen herrschten: einen Präsidenten oder Premierminister, einen König oder Kanzler – jemanden, der für sein ganzes Volk verbind-lich sprechen konnte. Doch so etwas kannten die als Nomaden lebenden Lakota nicht. Ihr Gesellschafts-system war (und ist bis heute) anders; es war und ist im Grunde gar kein politisches Gefüge, denn es basiert eher auf den Werten ihrer Religion. Alles zu Regelnde ergab sich daraus.

Bei den Lakota konnte sich jeder aussuchen, wel-chem Häuptling er folgen wollte, und man konnte sich stets wieder „umentscheiden". Häuptling wurde man dadurch, dass man sich diese Würde verdient hatte und zudem als Oberhaupt akzeptiert wurde. Zwar kam es vor, dass der Sohn eines Häuptlings ebenfalls Häuptling wurde, aber zwingend war dies nicht. In der Gesellschaft der Lakota gab es kein Geld, keine Gefängnisse, keine Krankenhäuser und keine psychiatrischen Anstalten. „Verrückte", wie wir sie nennen, galten beispielsweise als von Gott bevorzugt und konnten einfach in der Gruppe mitleben.

WARUM AUSGERECHNET CRAZY HORSE?

Crazy Horse war als Krieger in kurzer Zeit (bis 1874 kannte ihn kaum jemand unter den Weißen) zu sol-chem Ruhm gelangt, dass die damalige amerikanische

Regierung 1877 mit ihm als Oberhaupt verhandeln wollte. Im Archiv der West Point Military Academy in den
USA findet man zahlreiche Angaben, wie unglaublich
den Weißen die „Unverwundbarkeit" von Crazy Horse
erschienen sein muss: Er wurde in keinem der vielen
Kriege und Scharmützel, in denen er meist an vorderster
Front stand, auch nur einmal getroffen. Kurz vor diesen
Kämpfen ritt er verschiedene Male allein die Front der
Gegner ab, um die Schussweite der feindlichen Gewehr-
re zu erkunden. Hatte er dann die Feuerdistanzlinie erreicht, trabte er seelenruhig ein wenig umher, bevor er
zu seinen Männern zurückkehrte und mit ihnen zusammen den Kampf eröffnete.

Crazy Horse schaffte es, den Lakota – die Strategie
nie mochten, sondern gewohnt waren, wild drauflos zu
schlagen – ein sogenanntes Outflanking (einen militär-
strategischen Schachzug) beizubringen. Er war an zwei-
undzwanzig kleinen und großen Schlachten beteiligt
– und gewann sie alle. In der Schlacht am Rosebud in Süd-
Dakota im Jahr 1876 gelang es ihm, mit Pfeil und Bogen
und ein paar Gewehren den übermächtig bewaffneten
Militärs unter Leitung von General Crook eine Niederlage zuzufügen. Doch Häuptling im eigentlichen Sinn hat
er sich selbst nie genannt und war er eigentlich nie – bis
auf die letzten Tage und Stunden der Lakota in Freiheit.

DIE SCHLACHT AM LITTLE BIGHORN

Am 25. Juni 1876 wurde die 7. Kavallerie, das Aushänge-
schild der damaligen US-Armee, fast bis auf den letzten
Mann vernichtet. Dabei fiel der nicht nur bei den Lakota

zu Recht verhasste Generalmajor Custer, der jüngste Mann, der je in West Point einen Generalsrang erreichte, ein „Held" der inneramerikanischen Kriege. Nicht nur den Lakota war dieser Mann bestens bekannt als hinterhältiger Kinder- und Frauenmörder. Er war stolz auf dieses „Lebenswerk", hatte nachts mit einem großen Trupp ein Dorf friedlich schlafender Lakota ohne Vorwarnung angegriffen und Männer, Frauen und Kinder niedergemetzelt. Und das nur, um seinen Vorgesetzten zu beweisen, dass er der ideale Mann für die Beseitigung des „Indianerproblems" war.

Selbst wenn Little Bighorn als bis dato größte Niederlage der amerikanischen Armee gilt: Es ist historisch erwiesen, dass weder Sitting Bull noch Crazy Horse die Schlacht am Little Bighorn geplant und ausgeführt haben. Die Niederlage der Regierungstruppen ist wohl vielmehr Custer selbst zuzuschreiben: Er wollte den sicher geglaubten Sieg nicht teilen und stieß daher allein gegen die Lakota vor. Diese hatten sich für ein Stammestreffen versammelt, als plötzlich die Nachricht vom Anmarsch amerikanischer Truppen kam. Tausende von Lakota standen lediglich Hunderten von Soldaten gegenüber. Die 7. US-Kavallerie wurde praktisch ausgelöscht – bis auf wenige Männer, die, so sagt die Überlieferung, „erzählen sollten, was sie erlebt hatten". Diese Überlebenden rächten sich furchtbar: Sie waren beim Gemetzel von Wounded Knee im Jahre 1890 dabei, bei dem im sehr kalten Winter etwa 300 wehrlose Indianer – Frauen, Kinder und Männer – gnadenlos getötet wurden. Wounded Knee gilt bis heute als letzter tragischer Punkt in der Geschichte der Indianer.

Sitting Bull war beim direkten Kampf bei Little Bighorn gar nicht dabei, sondern er blieb im Lager und betete. Crazy Horse stieß erst später mit seinen Männern dazu, als der Sieg quasi schon errungen war. Die Schlacht trägt definitiv nicht die Handschrift von Crazy Horse, der beispielsweise das Skalpieren, zu dem es bei diesem Kampf kam, ablehnte. Dennoch wird die Schlacht am Little Bighorn als größter Erfolg von Crazy Horse und Sitting Bull gewertet, während die einundzwanzig anderen dokumentierten großen und kleinen militärischen Auseinandersetzungen, die er tatsächlich federführend oder wesentlich mitverantwortlich gestaltete und dabei seinen Ruf der Unverwundbarkeit festigte, nur wenigen Experten bekannt sind.

DER PLAN ZUR VERNICHTUNG DER LAKOTA

Nach der Schlacht am Little Bighorn wurde vonseiten der Weißen nichts mehr ausgelassen, um die Lakota, die letzten freien Indianer, zu unterwerfen, am besten jedoch völlig auszulöschen. Man schenkte Kindern vergiftete Decken, die sie in die Lager trugen. Man tötete von einstmals Millionen von Büffeln, die Lebensgrundlage für die Lakota, alle bis auf wenige Hundert. Und man jagte die Indianer, allen voran Crazy Horse. Dieser hatte sich zwar seinen Namen als großer Krieger erworben, doch mit der Schlacht, an der er nicht entscheidend teilgenommen hatte, die er weder wollte noch leitete, lenkte er die Zerstörungswut der Weißen auf sein Volk. Und damit den Zorn seiner Nation auf sich.

Ab dem Spätsommer 1876 verfolgte die amerikanische Armee die letzten freien Indianer in einem gnadenlosen Feldzug. Der strenge Winter 1876/77 tat ein Übriges: Die Lakota flüchteten vor der Verfolgung, erlitten in kleineren Scharmützeln Niederlagen und kapitulierten letztendlich – nicht aus Feigheit, sondern weil sie kurz vor dem Hungertod standen. Und weil ihnen ihre Lebensgrundlage entrissen wurde: Die Bisonherden waren so drastisch dezimiert worden, dass ihnen zum Leben nichts mehr blieb. Am 8. Januar 1877 kam es bei Wolf Mountain in Montana zur letzten großen Schlacht gegen die US-Kavallerie. Vier Monate später ergab sich Crazy Horse der Armee in Fort Robinson in Nebraska. Sein Kampf und der Kampf der Lakota waren sinnlos geworden; sein Volk war durch Kälte und Hunger geschwächt, es ging nur noch ums nackte Überleben.

DER LETZTE HÄUPTLING
DER LAKOTA

Im Spätsommer 1877, in den späten Tagen der Kapitulation, war Sitting Bull wie manch anderer großer Häuptling schon entmachtet. Wegen seines Bekanntheitsgrads unter den Weißen kam die Idee auf, Crazy Horse zum Häuptling aller Lakota zu ernennen. Doch wie sollte das gehen? Wer sollte ihn ernennen? Einen einzigen Chef zu haben, waren die Lakota nicht gewohnt, so etwas gab es nicht bei ihnen. Und dann ausgerechnet Crazy Horse, der Reden nicht mochte, der nie außerhalb seiner Jagdgründe

WAS ZEITZEUGEN BERICHTEN

In ihrem Buch „To kill an Eagle" haben Edward und Mabell Kadlecek Aussagen von Zeitzeugen der Lakota und deren direkten Nachkommen zusammengetragen. So konnte man die Vorgänge im September 1877 aus verschiedenen Perspektiven rekonstruieren. Darunter befindet sich ein Bericht, wie Crazy Horse mit einem Freund auf einem alten Leiterwagen im späten August 1877 nach Fort Robinson fuhr und quasi als Letzter davon hörte, dass er Häuptling aller Lakota werden sollte. Er soll darüber sehr erstaunt und irritiert gewesen sein. Dass es einen Sonnentanz gab, den letzten in Freiheit, bei dem Tänzer für ihn als Häuptling beteten, zeigt aber, dass er zum Schluss kurz der Häuptling aller Lakota gewesen sein muss. Das war wichtig, denn so hatte er die Kompetenz zu Verhandlungen mit der Regierung.

war, der sich nie Häuptling nannte und sich nichts aus materiellen Dingen machte. Sogar in seiner Spiritualität unterschied er sich von der Stammesreligion.

EIN QUERKOPF ALS NEUES OBERHAUPT

Ausgerechnet Crazy Horse, der Strange Man, sollte anstelle von Red Cloud, dem „Chef" des größten Zweiges der Lakota (die Oglala) zum Präsidenten nach Washington eingeladen werden. Crazy Horse wurde zwar für seine kriegerische Leistung durchaus sehr respektiert, aber er galt stets als Sonderling. Nicht von ungefähr überschreibt Mary Sandoz ihre Biografie mit dem Titel „Crazy Horse – The Strange Man of the Oglala". Er hatte kein Talent für große Reden und wurde meistens falsch verstanden. Sogar im Stammesrat nahm er sich deshalb einen Sprecher, dem er sagte, was er meinte, und der es dann so ausdrückte, dass die anderen es richtig verstanden. Tanzen und Singen waren seine Sache ebenfalls nicht – durchaus problematisch in einem Volk, dessen zentrale gesellschaftliche und religiöse Aktivitäten genau dies in den Mittelpunkt stellen.

FRÜHE TRAUMATISCHE ERLEBNISSE

Als Heranwachsender war Crazy Horse Zeuge eines Zwischenfalls geworden, bei dem nicht nur sein Onkel, sondern vor allem Soldaten der US-Armee starben: Der betrunkene Sergeant Grattan schoss 1854 mit einer Kanone in das Dorf seiner Verwandten – als Vergeltung für eine alte, angeblich gestohlene Kuh. Bei den Verhandlungen wurde Häuptling Conquering Bear, wohl ein Onkel von Crazy Horse, in den Rücken geschossen, und es kam danach zu einem Kampf. Grattan selbst fiel zusammen mit 29 weiteren Soldaten der US-Armee. Sinnloses Töten und Ungerechtigkeit überall – so empfand es der junge Lakota, so hatte er es wieder und wieder erlebt. Auch bei der Rache der US-Armee für das Grattan-Massaker, in der sogenannten Schlacht von Ash Hollow ein Jahr später, bei der am Bluewater Creek 600 Kavalleristen eine weitaus geringere Anzahl von Lakota angriffen. 85 Indianer starben, Frauen und Kinder wurden verschleppt.

DIE VISION VON CRAZY HORSE

Weder im Sonnentanz noch in der rituell vorgeschriebenen Visionssuche fand Crazy Horse seine Bestimmung. Ihm war ein anderer Weg vorgegeben. Kurz nach dem Zwischenfall 1854, bei dem sein Onkel starb, ging Crazy Horse allein in die Prärie und stieg auf die Sandhills, eine Hügellandschaft in der Nähe von Scott's Bluff in Nebraska.

Vier Tage und Nächte – wie es die Zeremonie verlangte – wollte der junge Lakota fasten und beten, um von den Geistern zu erfahren, wie er seinem Volk helfen könne. Vier Tage und Nächte auszuhalten – das war sein Ziel, darin wenigstens stimmte Crazy Horse mit den rituellen Regeln einer Visionssuche überein. Doch nach drei Tagen und Nächten gab er auf – seine Gebete schienen nicht erhört zu werden. Mit letzter Kraft kroch der Junge zu seinem Pferd, um ins Lager zurückzukehren. Beim Versuch, das Pferd zu erklimmen, verlor Crazy

Horse das Bewusstsein – er fiel in Trance und erhielt so doch noch seine Vision. Crazy Horse berichtete später, dass in diesen drei Tagen und Nächten nichts, überhaupt kein Wesen, kein Tier, zu sehen war. Der Himmel war klar und wie leer. Nur eine Ameise sei einmal des Weges gekommen.

In der Trance sah Crazy Horse sich selbst auf einem Pferd reiten. Es wechselte ständig die Farbe, zeigte die Symbole des Blitzes mit Zickzackmustern und eines Hagels mit gesprenkelten Punkten. Mann und Reiter schienen aus einem Fluss gestiegen zu sein, die Muster zeigten sich in seinem Gesicht und am Körper und auf seinem Pferd. Er ritt immerfort, Kugeln und Pfeile verfehlten ihn wie von Geisterhand. Die Vision zeigte ihm außerdem, dass er in keinem hohen Alter vom Pferd gerissen wurde, und zwar von seinen eigenen Leuten. Teil

INTERPRETATIONEN ZUR VISION

Dass das Pferd in der Vision ständig die Farbe wechselte, legte sein Vater später so aus, dass er in den Schlachten verschiedene Pferde reiten würde. Manche Quellen sprechen davon, dass er im Laufe seines Lebens zahlreiche Pferde ritt und keines davon im Kampf jemals verletzt worden sei. Es gibt aber ebenso Quellen, die von nur einem Pferd berichten, das Crazy Horse besonders gern hatte und stets bei seinen Schlachten ritt. Es ist allerdings naheliegend, dass er in den 18 Jahren als Krieger mehr als ein Pferd gehabt haben muss.

seiner Vision war es auch, alle Beute stets zu verschenken. Er kleidete sich daher einfach und besaß praktisch
nichts. Er nahm auch keinen Skalp, nachdem er als sehr
junger Mann beim letzten Versuch, dies zu tun, einen
Pfeil ins Bein bekommen hatte. Das war übrigens gleichzeitig seine erste und letzte und einzige Verwundung in
einer Kampfsituation.

Er kehrte nach drei Tagen ins Lager zurück, wohl wissend,
gegen alle Rituale verstoßen zu haben, die für die heilige
Lakota-Zeremonie der Vision (Hanbleceya) unabdingbar
waren. Zurück im Dorf bekam Crazy Horse nach seinem
eigenmächtigen Ausflug denn auch den Ärger, den jeder
Junge bekommt, wenn er für ein paar Tage ausreißt. Erst
glaubte nur sein Vater seine Vision. Das änderte sich, als
Crazy Horse im Alter von 17 Jahren mit auf den ersten
kleinen Kriegszug durfte: Sein Pferd ging mit ihm durch
und lief einen Hügel hinauf auf die gegnerischen Indianer zu. Crazy Horse tötete im Alleingang eine Handvoll
erwachsener Crow-Krieger. Damit war klar, dass seine
Vision kein „Traum" war, sondern eine Vision, die ihren
Niederschlag in der Realität fand. Erst jetzt erhielt Crazy
Horse seinen endgültigen Namen. Als Kind wurde er
Light Hair oder Curly gerufen, denn er hatte sehr helles,
blondes Haar und Korkenzieherlocken. Im Alter von etwa
zehn Jahren gab ihm sein Vater den Namen His Horse on
Sight wegen seines Erfolgs bei der Wildpferdjagd. Crazy
Horse war der Name seines Vaters gewesen, und dieser
nannte sich nun Worm – wegen einer ausgeprägten Ader
an der Stirn. Der junge Crazy Horse aber sollte einer der
größten Krieger aller Zeiten werden.

EIN LEBEN FÜR DIE FREIHEIT?
DER TOD VON CRAZY HORSE

Nach der Kapitulation im Mai 1877 suchte Crazy Horse mit der amerikanischen Regierung zu einem Arrangement zu kommen – zwangsläufig, um das Überleben der Lakota zu sichern. Trotz neuen Rangs und Verantwortung stellte sich Crazy Horse vor den Verhandlungen immer wieder quer. Voller Misstrauen wollte er die Einladung nach Washington nicht annehmen, nicht zu Unrecht vermutete er einen Hinterhalt. Denn die Regierung wollte die den Lakota im Jahr 1868 fest zugesagten Black Hills um jeden Preis wieder in ihren Besitz bringen. In der Zwischenzeit war dort nämlich Gold gefunden worden. Die Lakota aber weigerten sich, ihr Land wieder herauszugeben, wollten es auch nicht verkaufen. Es gab ein ständiges Hin und Her. Mehrmals verließ Crazy Horse tageweise die Red Cloud Agency im Fort Robinson, obwohl ihm das offiziell verboten war.

GEGENSPIELER BEI DEN LAKOTA

Es scheint heute klar zu sein, dass die „offizielle Vertretung der Indianer", die Crazy Horse in den Augen der Weißen innehatte, durchaus Neid und Missgunst erzeugte: Die Häuptlinge Red Cloud und Spotted Tail fühlten sich zurückgesetzt. Sie lebten schon etliche Zeit länger im Reservat und hatten für sich und ihre Stämme günstige Arrangements mit den Weißen getroffen. Ein wichtigerer Grund der Zerwürfnisse, die im Rufmord an Crazy Horse gipfelten, dürften die grundlegenden Unterschiede in der politischen Auffassung zwischen den „Realos" Red Cloud und Spotted Tail auf der einen Seite und Crazy Horse als Visionär auf der anderen Seite gewesen sein.

Es kam in der Folge zu Gerüchten, dass Crazy Horse nicht an einem Friedensschluss interessiert sei, dass er sich wieder dem alten Leben als Krieger zuwenden wolle. Und letztendlich kreidete man ihm später, nach seinem Tod, an, dass die gnadenlose Reaktion der Weißen am Wounded Knee seine Schuld sei, weil er selbst in der Schlacht von Little Bighorn keinerlei Gnade habe walten lassen, sondern für den unerbittlichen Kampf gegen die Weißen gewesen sei.

MISSVERSTÄNDNIS ODER BEWUSSTE TÄUSCHUNG?

In den Gesprächen mit Vertretern der Regierung und dem leitenden Offizier der Red Cloud Agency ging es unter anderem auch darum, dass die Lakota selbst die Nez-Percé-Indianer aus einem nahegelegenen Gebiet vertreiben sollten, sonst könne man ihren Forderungen nicht nachkommen. Crazy Horse, nach etwa achtzehn kaum unterbrochenen Jahren des Krieges müde, murrte, stimmte dann letztendlich im Versammlungshaus in Fort Robinson dieser Forderung der Weißen zu. Sinngemäß sagte er so etwas wie: „Dann jagen wir die Nez Percé eben, bis keiner mehr übrig ist."

Doch dann passierte etwas Fatales (und dies war nicht das einzige Missverständnis im Verlauf der wochenlangen Verhandlungen): Der Dolmetscher übersetzte fälschlicherweise, Crazy Horse habe gesagt, er werde jetzt alle Weißen jagen, bis keiner mehr übrig sei. Für den Vertreter der Regierung ein unglaublicher Affront. Selbst als Crazy Horse mehrmals betonte, er habe das Versprechen abgegeben, keinen Krieg mehr zu führen, nutzte das nichts.

General Philip Sheridan wurde die angebliche Äußerung vom „Töten aller Weißen" hinterbracht. Man muss wissen, dass Sheridan der Ausspruch zugeschrieben wird, „nur ein toter Indianer ist ein guter Indianer". Kein Wunder also, dass er General Crook in Fort Robinson beauftragte, mit aller Härte durchzugreifen und die Angelegenheit nicht nur aufzuklären, sondern „endgültig zu erledigen". Bei Besprechungen mit anderen Lakota wurde sogar angedeutet, dass Crazy Horse General Crook selbst töten wolle. Daraufhin eskalierte die Situation völlig. Der General befahl aufgebracht, man solle Crazy Horse sofort verhaften. Versuche, das Missverständnis zu korrigieren, scheiterten an der Uneinsichtigkeit und Wut des Generals.

DAS ENDE

Als Crazy Horse zu einem Häuschen in Fort Robinson geführt wurde, folgte er zunächst bereitwillig – im Glauben, nun zur weiteren Verhandlung zu gehen. Erst als er durch die Tür trat, merkte er, dass es sich um ein Gefängnis handelte. Da drehte er sich um und zog ein Messer. Um ihn herum auf dem Vorplatz hatte sich ein Pulk aus vielen Männern, Soldaten und Indianern, gebildet. Irgendjemand schrie „Kill this son of a bitch"; der frühere

Freund von Crazy Horse, Little Big Man, hielt ihn von hinten fest. Ein bis dato nie in Erscheinung getretener einfacher Soldat namens Gentles stieß Crazy Horse das Bajonett in den Leib, und zwar so unglücklich, dass er noch vor Mitternacht an diesem 5. September 1877 verstarb. In einem der Bücher über Crazy Horse steht zu seinem Tod treffend: „He had reached his awful destiny to be the last leader of the Sioux ..." – „Er hatte sein schreckliches Schicksal, der letzte Führer der Sioux zu sein, erreicht ..."

Der Vater von Crazy Horse war beim Tod seines Sohnes dabei und sorgte später dafür, dass die sterblichen Überreste an einem geheim gehaltenen Platz in der Nähe des Wounded Knee, wahrscheinlich im Beaver Valley, bestattet wurden. Ein Gedenkstein in Fort Robinson weist noch heute auf die Stelle hin, an der Crazy Horse ermordet wurde.

Kurze Zeit nach seinem Tod flüchteten viele seiner Anhänger aus der Red Cloud Agency und gingen über die Grenze nach Kanada: Dort hatte Sitting Bull noch für einige Zeit eine freie Gruppe Lakota um sich versammelt. In den Vereinigten Staaten selbst lebten die Lakota nach dem Tod von Crazy Horse nicht mehr als freie Indianer, sondern ausschließlich in Reservaten.

DIE LAKOTA HABEN BIS HEUTE NICHT AUFGEGEBEN

Selbstverständlich gab es weitere nordamerikanische Indianervölker, die für ihre Freiheit kämpften. Zeitgleich mit den Lakota waren dies etwa die Apachen, deren Anführer Geronimo im Gebiet von New Mexico und Arizona für seinen unbändigen Freiheitswillen und seine lange erfolgreiche Flucht berühmt ist. Er wurde erst 1886, nach Crazy Horse, bezwungen, ließ sich letztendlich aber freiwillig verhaften und ins Exil nach Florida bringen. Dort starb er Anfang des 20. Jahrhunderts, ohne seine Heimat je wiedergesehen zu haben.

Die Sioux jedoch haben offiziell niemals aufgegeben und zu keinem Zeitpunkt in die Annektierung ihrer Heimat eingewilligt. Auch nicht unter Druck – und den gab und gibt es reichlich. Die Lakota lehnen es bis heute ab, ihre heiligen Berge, die Black Hills in Süd-Dakota, zu verkaufen. Sie leben in Armut und Perspektivlosigkeit. Indianische Jugendliche begehen häufiger Selbstmord als andere Gleichaltrige: Die Sterberate der Lakota unter 25 Jahren ist dreimal so hoch wie in der Altersgruppe in den übrigen USA; die Wahrscheinlichkeit, am Alkohol zu sterben, ist sogar um 670% höher.

Aber: Sie verkaufen sich nicht; sie nehmen nicht die Entschädigung von 105 Millionen US-Dollar an, die ihnen 1980 zugesprochen wurde. Eine Gruppe von Lakota hat vor wenigen Jahren, im Dezember 2007, sogar eine eigene Republik ausgerufen, die alten Verträge von 1851 und 1868 aufgekündigt und für null und nichtig erklärt.

Der von den USA betriebene Genozid scheint unaufhaltbar. Das Ende für die letzte Generation an Vollblut-Lakota hat begonnen. In den Reservationen leben weniger als hunderttausend Menschen mit mehr oder weniger Lakota-Blutanteil. Die Zukunft der Indianer Nordamerikas ist aufs Äußerste bedroht.

Kaum ein Volk steht so sehr wie die Lakota-Indianer für ein Leben im Einklang mit der Natur. Aber genau diese sind, nachdem schon andere Stämme des nordamerikanischen Kontinents vom Erdboden verschwunden sind, zusammen mit ihren ethnischen Genossen praktisch am Aussterben. Andere Völker existieren zumindest weiter, haben – vielleicht – die Chance auf eine Zukunft.

LEBEN IM EINKLANG MIT DER NATUR

Die Lakota waren die Menschen, die mit Tieren redeten, die sich aus der Natur nur das nahmen, was sie brauchten – wir spüren intuitiv ihre Weisheit in Bezug auf den Kosmos. Sie waren keineswegs dümmer oder weniger entwickelt als wir, das haben wir mittlerweile endlich erkannt. Sie zählten ein Jahr nicht, wenn es vorbei war. Für sie fängt es im Prinzip immer wieder von vorne an – sie denken zyklisch, wir denken linear.

Crazy Horse wollte alles so lassen, wie es ist. Das empfand er als Idealzustand, und dafür ist er in den Tod gegangen. Wir wollen den Fortschritt. Denn wir konnten und können mit der Natur nicht so leben, dass wir dabei alles haben, was wir brauchen.

NOTWENDIGE ÄNDERUNG UNSERER SICHTWEISE

Betrachten wir die Dimension der vorherrschenden ökologischen Gefahren, könnte man meinen, es bräuchte ein Wunder. Andererseits: Warum sollte eine Zivilisation wie die unsere es nicht schaffen, die Herausforderung der selbst verursachten Schädigung der Natur zu bewältigen?

Für lange Zeit hielten wir uns an ein rein mechanisches Weltbild – aus der Zeit der industriellen Revolution und ihrer Manufakturen. Es wird heute mehr und mehr durch eine biologisch und physikalisch relativierte Weltsicht ersetzt. Da sollte es kaum abstrus anmuten, bei der Lösung der ökologischen Frage die einfache Idee zu verfolgen, nicht nur nach Neuem und technisch noch Versierterem zu streben, sondern einfach weiter und tiefer in die Natur zu schauen. Das wird unsere Sichtweise der Welt mehr verändern als alles andere. Die Lakota haben niemals aufgegeben. Auch daran sollten wir uns ein Beispiel nehmen. Und nicht aufgeben.

VERTRAUEN AUF INDIANISCHE WEISHEIT

Es ist naheliegend, wenn wir Menschen aus den Industrienationen uns unter dem Druck des drohenden Klimawandels und zur Neige gehender Ölreserven umschauen, wo, wann, wie und warum Menschen in völligem Einklang mit der Natur lebten. Seitdem ich dem indianischen Wissen vertraue, habe ich schon mehrmals erstaunliche Reaktionen von Tieren erlebt, wie sie mir z.B. einen Weg zeigten, den ich allein nie gefunden hätte. Und ich habe auf meinem Lehrweg gelernt, die Zeichen des Himmels zu lesen. Angesichts der massiven ökologischen Probleme und Herausforderungen, vor denen wir Menschen stehen, sollten wir von denen lernen, die sich am besten mit der Natur auskennen und seit jeher im Einklang mit ihr leben.

Archie Fire Lame Deer im Jahr 1988 vor einer Schwitzhütte, nach einer Zeremonie auf dem Gelände des Bio-Centers „Biologische Insel" in Schwetzingen-Hirschacker bei Mannheim

MEIN WEG
ZU DEN LAKOTA
UND IHREM WISSEN

Sicher war es ein Kindheits- oder Jugendtraum: einmal „echte" Indianer zu sehen, einmal die Prärie zu besuchen, vielleicht sogar – ein ganz vermessener Wunsch, so schien es mir damals – mit Indianern zu sprechen. Dass dies tatsächlich einmal geschehen würde, dass ich solch engen Kontakt haben würde – das habe ich mir beim besten Willen nicht vorstellen können.

EINMAL INDIANER, IMMER INDIANER?
Es gibt noch ein Foto im Familienalbum, da sitze ich auf einem Schaukelpferd, das weiß war mit grauen Tupfen. Ich liebte es heiß und innig und unternahm stundenlange „Ausritte in die Prärie". Zu meinen frühesten Erinnerungen gehören Indianerfiguren, und beim Spielen

wollte ich immer, dass die Indianer gegen die Cowboys gewinnen sollten. Natürlich verkleidete ich mich auch an Fastnacht manchmal als Indianer. Als Kinder spielten wir auf der Straße, im Park oder im Garten: Fußball, Verstecken, Räuber und Gendarm und natürlich immer wieder Cowboy und Indianer. In meiner Jugend gab es ja keine Spielkonsolen, geschweige denn das Internet mit all den sozialen Netzwerken, die heute schon für Kinder selbstverständlich sind.

Wie wohl viele Jungs in den 1960ern habe ich die Indianergeschichten von Karl May verschlungen, von den „Rothäuten" und ihrem Leben in der Prärie war ich ebenso fasziniert wie Schulfreunde und Altersgenossen. Der edle Winnetou und seine Apachen hatten es mir immer schon eher angetan als Old Shatterhand und die anderen „Bleichgesichter" in den Büchern Karl Mays. Aber da bin ich sicher kein Einzelfall. „Echte" Indianer wie Sitting Bull oder Crazy Horse kannte ich nicht. Und später, als Erwachsener, verband ich mit dem Namen „Crazy Horse" wie viele andere lediglich das berühmte Nachtclub-Varieté in Paris. Dass es da noch etwas anderes gab, nämlich den letzten Häuptling der Lakota, das entdeckte ich erst 1997, und auch erst, nachdem ich schon neun Jahre lang als fireman bei Archie Lame Deer gewirkt hatte.

LIEBE ZUR NATUR
UND SCHUTZ DER UMWELT

Meine Mutter ist auf einem Bauernhof aufgewachsen. Nach ihren Erlebnissen im Krieg hatte sie den Glauben an Gott verloren – wichtiger war ihr jetzt die Natur, und sie hat uns Kindern immer vermittelt, wie wichtig die Natur und unsere Umwelt seien. Mein Vater spielte bei meiner Erziehung keine Rolle; er hatte die Familie verlassen, als ich drei Jahre alt war, und ich habe ihn erst mit fünfzehn Jahren wiedergetroffen.

Zu Hause wurde sehr darauf geachtet, möglichst natürlich zu essen – Dosenprodukte kannten wir so gut wie gar nicht, selbst wenn es sie natürlich hin und wieder mal gab. Meine Mutter hatte eigentlich immer einen Garten, in dem sie Gemüse und Obst erntete. Natürlich hatten wir auch Tiere und lernten so schon als Kinder – wie es in vielen Familien üblich war und ist –, Verantwortung für andere Lebewesen zu übernehmen.

Anfang der 1980er baute meine Schwester gemeinsam mit ihrem Mann das erste Biocenter Deutschlands auf, die „Biologische Insel" in Brühl bei Mannheim. Sie zählten für den Bereich Naturkost und Gartenbau, aber auch mit baubiologischen Baustoffen und Farben für „Natur am Bau" zu den ersten Öko-Pionieren.

Meine Berufswünsche lagen zunächst ganz woanders: Mich interessierte die Welt der Werbung, ich liebte schnelle Autos, meine Gitarre, Sport und Spaß, lebte in meiner Studentenzeit auch oft von Ravioli aus der Dose – kurzum: Ich war sicher nicht anders als meine Schul- und

Studienfreunde, außer dass ich schon früh von Psychologie fasziniert war. Mein erstes Buch zu diesem Thema las ich bereits mit zwölf, und wenn ich mein weiteres Leben und meine berufliche Laufbahn betrachte, passte dieses Geschenk meiner anderen Schwester perfekt. Es war das Werk „Wie eine Meinung in einem Kopf entsteht" von E. A. Rauter. Gut zehn Jahre später entdeckte ich die Bücher von Carlos Castaneda und fand darin neue Perspektiven für mein eigenes Leben. (Bei Castaneda handelt es sich aber um Fantasy. Das Thema stimmt, jedoch nicht die Methoden.)

Ökologisches Denken und Handeln kannte ich also schon in meiner Familie. In den Ferien jobbte ich in der „Biologischen Insel". Damals lernte ich viele andere aus der ersten Zeit der ökologischen Bewegung kennen und mir wurden mehr und mehr die realen Umweltprobleme bewusst. Meinen Wunschberuf konnte ich, da war ich sicher, auch für ökologische Belange einsetzen. Die Idee war, die bis dato unbesetzten Nischen in Sachen Ökologie bei der Werbung, im Marketing und in der Unternehmensberatung zu füllen. Obwohl wir alle „eigentlich" grün denken, handeln wir nicht danach. Ökologie ist also – da war und bin ich mir sicher – ein Marketingproblem.

ANFANGS EIN UNBEKANNTES WAGNIS: WERBUNG FÜR UMWELTSCHUTZ

Noch während meines Studiums probierte ich das aus und gründete 1984 die erste Werbeberatung ausschließlich für ökologische Produkte. Der erste Kunde war mein Schwager, der Jahre später die Firma „Pro Clima" gründete und der Erste war, der Energiesparen am Bau umsetzte. Sein Unternehmen ist heute international erfolgreich. Ich wollte aber nicht nur vereinzelte kleine Ökobetriebe sehen, ich wollte von Anfang an den ganzen Markt. Mir war klar, dass ich dies nur erreichen kann, wenn sich die allgemeine Ansicht über Umweltschutz ändert. Einzelne Firmen, selbst wenn es große Unternehmen sein sollten, waren zwar interessant. Aber sie würden kein Umdenken in den Köpfen der Menschen bewirken. Mein Ziel war es, an die Wurzel des Übels zu kommen – und das war die Industrie, die die Chance und Möglichkeiten ökologischer Produkte als zu gering einschätzte und daher in diesem Bereich erst gar nicht tätig wurde. Wenn wir alle jedoch überhaupt eine Chance haben sollten, unsere Umwelt zu retten, müssten solche Produkte möglichst schnell im Markt platziert werden. Dafür interessierte sich damals keine Werbeagentur.

PSYCHOLOGIE UND WERBUNG: „MEINE" KOMBINATION

Schon früh in meiner Jugend hatte ich mich für Psychologie interessiert und letztendlich dann in Sozialpsychologie promoviert. Vorausgegangen waren zwei Semester des Studiums der Mathematik und Volkswirtschaftslehre sowie Soziologie mit dem Schwerpunkt Wirtschaftspsychologie. Seit Beginn meiner beruflichen Tätigkeit in der Marktforschung und als Marketingberater hatte ich mich immer wieder mit Umwelt- und Naturschutz

beschäftigt, und ich stieß – beispielsweise als Lehr-
beauftragter an der Universität Mannheim zur Marktforschung für ökologische Produkte oder in Studien
für etwa die CMA („Centrale Marketing-Gesellschaft
der deutschen Agrarwirtschaft") – auf das Thema, das
mein Leben heute mehr denn je bestimmt: das bewuss-
te Wahrnehmen der Umwelt, das sich nach und nach in
fast allen Bereichen unserer Gesellschaft findet.

Veröffentlichungen und Studien zur Ökologie in
der Werbung und zum Kaufverhalten von Konsumenten waren in meiner Arbeit da beinahe eine logische
Weiterentwicklung, vor allem bei der Erforschung ökologieorientierten Kaufverhaltens: Nachhaltigkeit (engl.
sustainability) beispielsweise beim Bauen und Wohnen
unter anderem in der Projektarbeit für den internationalen Verband „natureplus", der das gleichnamige internationale „Bio-Siegel der Bau- und Wohnprodukte"
vergibt. Nach dem Ende dieses Projekts, im März 2009,
führte ich meine seit vielen Jahren angesammelten
Forschungsarbeiten in einer Dissertation zusammen.

NETZWERK AUS UNTERNEHMEN, WERBUNG UND WISSENSCHAFT

Selbst wenn mein Alltagsleben zunächst gleich blieb:
Auf beruflicher Ebene unterstützte ich die ersten Jahre
(und auch später, wann immer ich konnte) konsequent
ökologische Produkte. Nach und nach ergab sich in 25
Jahren ein Netzwerk aus Unternehmen, Marketing-
experten und Wissenschaftlern, die gemeinsam für Ökologie und Nachhaltigkeit standen. Beispielsweise mit

Professor Hans-Peter Dürr, der an der Uni Mannheim 1996 den Festvortrag anlässlich der „Einführung des Wahlpflichtfachs Ökologie in Studiengängen der Wirtschaftswissenschaften" hielt. Das war eine Innovation, der erste Studiengang dieser Art. Ich habe dann im Wintersemester 1996/97 den ersten Lehrauftrag „Marketingforschung für ökologische Produkte und Projekte" erhalten. 1998 hielt ich auf dem jährlichen Weltkongress für Markt- und Sozialforschung von ESOMAR ein Referat und präsentierte eine Kongresspublikation zum Thema Ökologie – damals in meinem Bereich, dem Marketing, noch ziemlich allein auf weiter Flur (meine Vorträge bei der ESOMAR in den Jahren 1991 und 1992 waren zu anderen Themenbereichen). Warum interessieren sich die entsprechenden Fachleute nicht stärker für dieses Thema? Ganz einfach, weil sich damit bis dato kaum ein Geschäft machen ließ.

ZUFALL ODER SCHICKSAL?
BEGEGNUNG MIT DEN LAKOTA

Im Frühjahr 1988 bekam meine Schwester, die ja in der Öko- und Healthfood-Szene sehr aktiv war, auf irgendeinem Weg ein kopiertes Blatt mit der Ankündigung in die Hand, ein Lakota-Indianer würde an einen abgelegenen Ort in Österreich kommen und dort ein Wochenendseminar halten. Es war Zufall – oder doch nicht? Unser gemeinsames Interesse an Natur, Psychologie, Spiritualität und Ökologie und mein spezielles Interesse an Indianern ließ uns spontan nach Österreich fahren. Meine Schwester war schon Jahre zuvor einige Male in den USA gewesen, sie war Schülerin von Harley Swift Deer Reagan.

Der Lakota in Österreich – das war Archie Lame Deer. Ich hatte zu diesem Zeitpunkt keine Ahnung, wer er war. Ich wusste nur: Da ist etwas, das mich bis ins Innerste berührt. Das ist meine Welt.

VERTRAUEN AB DER ERSTEN SEKUNDE

Ich werde oft gefragt, wie sich zwischen Archie Lame Deer und mir (und später mit anderen Medizinmännern der Lakota) ein so außergewöhnliches Vertrauensverhältnis aufbauen konnte. Dazu kann ich nur sagen: Es bestand von Anfang an. Es war sofort ein familiäres Gefühl da, sofort Freundschaft. Lame Deer fragte mich schon am zweiten Tag nach unserem Kennenlernen, ob ich sein Feuermann (fireman) werden würde. Ein paar Wochen später sagte er, ich müsse mit nach Süd-Dakota kommen.

HARLEY SWIFT DEER REAGAN

Der Cherokee-Halbblut Harley Swift Deer Reagan unternahm Anfang der 1980er-Jahre den Versuch, das indianische Wissen um Psychologie in sogenannte Medizinräder (s. Seite 205) zu fassen. Swift Deer ist in der europäischen Esoterikszene bekannt. Er hatte europäische Sonnentänze initiiert, die allerdings von der Originalversion abweichen. (Einige Überzeugungen und Methoden von Swift Deer kann ich auf keinen Fall unterstützen.)

Egal, wo ich war, mit welchen Lakota ich zusammentraf: Ich wurde immer herzlich aufgenommen, stets sprach man mit mir ohne Vorbehalt. Archie nahm mich schon nach dem ersten Sonnentanz, bei meiner ersten Reise zu den Lakota 1988, mit zum Ältestenrat.

Ich möchte aber ausdrücklich betonen, dass einige andere ebenfalls solch ein Vertrauensverhältnis haben, vielleicht sogar noch tiefer und bestimmt noch familiärer. Der Unterschied zu mir ist: All diese Freunde haben andere Berufe und stehen nicht im fachlichen Austausch mit Verbänden der Ökologie und in der Industrie.

FEUERMANN UND „COMMUNICATOR"

Archie Fire Lame Deer war einer der spirituellen Führer der Lakota und ein wichtiger Vermittler zwischen „roter" und „weißer" Welt. Er gab mir meine erste geweihte Adlerfeder.

1988, kurz nachdem ich ihn in Österreich kennengelernt hatte, fuhr ich mit seiner Familie durch den Westen der USA nach Süd-Dakota, zum Sonnentanz der Lakota. Dort bot mir Archie an, das Zeremonialfeuer zu hüten und den Medizinmännern als Feuermann oder Feuerhüter (fireman) zu assistieren (dazu mehr im dritten Kapitel). Archie sagte: „You are our communicator, the fireman is the communicator. Pay attention well." – „Du bist unser Sprachrohr, der Feuerhüter ist der Kontaktmann. Pass gut auf."

Nach diesem Sonnentanz kam ein Sonnentänzer zu mir und sagte: „Now you are one of us, for the rest of your life." – „Nun bist du einer von uns, für den Rest deines Lebens." Und humorvoll, wie die Lakota nun mal sind, sagte er dazu: „If you want it or not." – „Ob du willst oder nicht!"

Als Archie mich zum Feuermann berief, hat er vor allen auf Indianisch zum Himmel gebetet und geweint. Ich weiß heute, dass

Von Archie Fire Lame Deer erhielt ich meine erste geweihte Adlerfeder.

44

das das einzige Mal in einem situativen Zusammenhang wie diesem war. In den Folgejahren führte ich mit Archie an verschiedenen Plätzen Seminare und Zeremonien durch, bis ich – im Frühjahr 1997, ebenfalls durch Archie Fire Lame Deer – meine Initiation zum Heyoka erleben durfte. Niemand kann „einfach so" Medizinmann, Feuermann oder Ähnliches werden, ohne einen anderen Medizinmann zum Lehrer und vor allem einen Lehrweg zu haben. Dieser Weg dauert lange und ist nicht einfach. Bei mir dauerte es zunächst neun Jahre, bis ich das zweite Mal den Auftrag erhielt, der diesem Buch zugrunde liegt. Nämlich das Wissen der Lakota zu erklären. Und mein Weg ist heute noch nicht zu Ende.

Selbst nach neun Jahren war ich noch nicht bereit, meine Aufgabe „offiziell" anzunehmen: Spirituell war so viel geschehen, alle Ereignisse waren so beeindruckend, dass ich damit erst einmal allein fertig werden musste. Ich beschloss, das „Amt" des communicators zunächst einmal nicht öffentlich auszuüben, sondern im Hintergrund zu wirken und alles geheim zu halten. Was ich aber zumindest bei den Lakota nicht geheim halten konnte, war mein spirituelles Erlebnis beim Sonnentanz im Jahr 1988: die Begegnung mit Crazy Horse.

DIE RÜCKKEHR VON CRAZY HORSE

Als ich 1988 – damals war ich sozusagen noch ein ahnungsloser junger Mann – beim Sonnentanz von Archie Fire Lame Deer als Feuerhüter diente, kam am dritten Tag ein Mann auf einem großen weißen Pferd mit kreisförmigen grauen gesprenkelten Flecken angeritten. Er trug eine einfache schwarze und knielange Kutte mit einer weißen Kordel, die Kapuze über den Kopf. Der Anblick erinnerte mich an die Mönchskutte der Gnostiker. Der Mann stieg ab, blickte unbeirrt auf den Tanzplatz und lief an mir vorbei. Beiläufig fragte er mich auf Englisch, ob ich auf sein Pferd aufpassen könne. Dann ging er schnurstracks dorthin, wo die Lakota die Zeremonie durchführten. Alle diese Dinge lernte ich erst viele Jahre später zu verstehen. 1988 schaute ich nur zu, ohne um die Symbolik zu wissen. Ohne zu begreifen, was da wirklich geschah. Als Nächstes sah ich, wie der Mann von Archie Fire Lame Deer aus dem Kreis getrieben wurde, und zwar exakt vom Osten des Platzes aus, am äußeren Rand des Runds. Der Mann war dabei leicht nach vorn gebeugt und hielt seine Arme auf der Brust verschränkt (etwa so, wie es bei Beerdigungen der Fall ist) – und er lief rückwärts. Lame Deer schwang bedächtig und konzentriert einen Adlerflügel auf eine bestimmte Art vor ihm. An der Nordstelle legte der Mann an Tempo zu, griff sich dann vom Altar im Westen, wo Lame Deer einige Pfeifen und andere Gegenstände aufgestellt hatte, die Pfeife mit dem schwarzen Kopf. Sie war spiralförmig geschnitzt mit etwa sieben Windungen und sah perfekt gedrechselt aus, war aber ansonsten ohne Zierrat.

Danach rutschte er – ebenfalls rückwärts – auf Knien in die rechte der beiden Schwitzhütten vor dem Tanzplatz, in die Hütte von Archie Fire Lame Deer. Der „Mann in Schwarz" setzte sich nahe der kleinen Tür der igluförmigen Hütte auf den 14. Platz (in der symbolischen Anordnung steht dieser für den Nagi, der die Totenseelen symbolisiert). Er hatte die Pfeife bei sich, nahm einen rotbraunen Lederbeutel und stopfte sie mit dem kleinen Finger der rechten Hand statt mit einem hölzernen Stopfer. Erst später fand ich heraus: Genauso machte es Crazy Horse, das weiß man aus alten Erzählungen und Augenzeugenberichten. Etliche Jahre danach entdeckte ich in einem Buch des amerikanischen Autors und Herausgebers Richard G. Hardoff eine Zeichnung von Crazy Horse und wusste sofort: Das ist der Mann, den ich gesehen hatte.

Ich erinnere mich, dass ich dachte: Der arme Mann wird einfach vom Platz getrieben, und keiner kümmert sich um ihn. Also ging ich hin, fragte, ob ich ihm helfen könne, worauf ein sehr bestimmtes „Oh yes" kam und er folgende Anweisungen erteilte: „Bring me four stones and two buckets of water and cedar from the bush down there!" – „Oh ja. Bring mir vier Steine und zwei Eimer Wasser und Zeder von dem Busch da drüben!" Sein Befehlston ärgerte mich. Ich dachte mir: „Erst bin ich freundlich, und dann kommandiert der mich so herum."

Trotzdem wunderte ich mich: Denn üblicherweise werden viel mehr Steine für Schwitzhütten genommen, außerdem sind zwei Eimer Wasser recht viel zum Aufgießen für nur vier Steine. Ich merkte allerdings zu meinem Erstaunen, dass in diesem Moment noch genau vier heiße Steine im Feuer lagen.

Als der Mann fertig war und die Pfeife fertig geraucht hatte, saß er auf dem 15. Platz der symbolischen Anordnung der Schwitzhütte (das ist Sitschun, der Platz des Intellekts). Dann kroch er rückwärts wieder aus der Schwitzhütte, kam direkt auf mich zu, nahm meine rechte Hand in seine beiden Hände, die sich warm anfühlten. Die Pfeife hatte er unter den Arm geklemmt und er sprach zu mir, während er meine Hand schüttelte. Es war eine Sprache, die nicht Lakota war und nicht englisch, und auch beides nicht rückwärts gesprochen, wie es Heyoka manchmal tun. Ich weiß nur, dass es unendlich freundlich und lieb klang.

Ich schaute auf seinen Mund und sah nur schwarz. Keine Zähne, keine Zunge. Er war innen leer, er hatte kein Fleisch und kein Blut.

Ich sah, aus seiner Sicht unten links vorn, wie sich eine Art weicher Zahn bildete. Während ich darauf schaute, begann der Zahn sich in eine Art Wolke zu verformen, die schließlich in einen Spiralnebel überging, der zum Schluss so aussah wie unsere astronomischen Aufnahmen der Milchstraße.

Als er aufhörte zu sprechen, meinte ich: „I don't know who you are, but you are ok." Ich hatte mich einfach gefreut, dass er sich zum Schluss anscheinend doch noch bedankte, und ich war außerdem irgendwie beeindruckt, ohne wirklich zu wissen, wovon eigentlich.

Der Mann ging dann zu seinem Pferd und setzte sich rücklings darauf. Das Pferd trottete weg, während er die Pfeife in seinen verschränkten Armen hielt und mich traurig anschaute – so wie jemand, der sich verabschieden muss.

*Die Conjure Pipe der
Lakota, zusammen mit
der Adlerfeder, die mir
Archie gab, so wie sie
Crazy Horse 1988 für
seine Gebete nutzte*

Kurz darauf lief ein Sonnentänzer aufgeregt vom Tanzplatz zu mir her und rief: „This was a spirit, this was a
spirit." – „Das war ein Geist, das war ein Geist!" und:
„You will never forget that day!" – „Du wirst diesen Tag
niemals vergessen!" Ich beschloss trotzdem, zunächst
einmal kein Aufheben um dieses Erlebnis zu machen,
und meinte: „Keep cool." Es ist aber wirklich so, wie der
Sonnentänzer sagte: Ich habe das nie vergessen, aber
viele Jahre lang darüber kein Wort verloren.

WAS CRAZY HORSE GESUNGEN HAT

Der „Mann in Schwarz" hatte allein mit mir als fireman
eine Zeremonie mit nur zwei „Türen" gemacht. Er öff-
nete also lediglich zweimal zwischen den Gebeten die
kleine Tür der indianischen Saunakirche (üblich sind
mindestens vier „Durchgänge"). Seine Lieder und Gebete haben sich mir eingeprägt.

Als Erstes sang er das sogenannte Lied der Pfeife.
So viel Lakota kannte ich damals schon und so viele ge-
bräuchliche Lieder hatte ich gehört, um das zu erkennen.
Danach folgte ein Lied mit zwei Strophen, das mir in der
Länge dem zu entsprechen scheint, was als persönliches
Lied von Crazy Horse überliefert ist. Dieses Lied wurde
Crazy Horse gemäß Überlieferung von einem Geist gebracht, der sich dann in ein Kaninchen verwandelte und
weghoppelte – in den Jahren zwischen 1860 und 1870. Es
wurde über die dunkle Zeit gerettet. Auch Archie lernte
es, hat es übersetzt und dann in seiner Biografie darüber
berichtet.

Mein Freund,
Sie werden wiederkehren.
Überall auf der Erde
Kehren sie wieder.
Uralte Lehren der Erde,
Uralte Lieder der Erde,
Sie kehren wieder.

Mein Freund, sie kehren wieder.
Ich gebe sie dir,
Und durch sie
Wirst du verstehen,
Wirst du sehen.
Sie kehren wieder
Auf der Erde.

Dieses Lied, das ich in der Schwitzhütte selbst hörte, machte mir später, vor allem nach der Lektüre seiner Biografie, die enge Verbindung zu Crazy Horse bewusst. Und es rückte mir meine Aufgabe wieder ins Bewusstsein.

Nach diesem Lied sang der Mann in der Kutte noch ein drittes, das ich nicht kannte. Ein Medium vermutete später, es sei das Lied der Liebe gewesen. Er sang alle drei Lieder eher schüchtern und unsicher, zumindest zu Beginn.

Die ganze Erscheinung, die gesamte Rückkehr von Crazy Horse dauerte etwa eine Dreiviertelstunde. Zum Zeitpunkt dieses Erscheinens hatte ich noch keine Ahnung, was das alles bedeuten sollte. Erst viel später er-

Zeichnungen nach Aussagen von Zeitzeugen von Crazy Horse, so wie er wirklich ausgesehen hat, bei ca. 174 cm Körpergröße und 70 kg Körpergewicht

kannte ich die Bedeutung, an die ich heute glaube, nein, von der ich weiß, dass sie richtig ist: Es gibt Gott, den Großen Geist, wirklich, und unsere Gebete werden gehört, egal ob es fünf Minuten oder fünfzig Jahre dauert. Für mich war es eine Erlösung und ein überraschendes Geschenk. Es ist ein Unterschied, ob man so etwas liest und glaubt oder aber tatsächlich erlebt. Die Alltagssorgen werden dadurch nicht kleiner, aber die meisten Fragen sind beantwortet, und die Angst vor dem Tod verschwindet.

ZEUGEN FÜR DIE RÜCKKEHR VON CRAZY HORSE

Über zweihundert Menschen haben den Mann bei seinem Auftritt 1988 gesehen, aber niemand außer mir und Archie so nah von Angesicht zu Angesicht. Archie berichtete später, auch er habe das Universum in seinem Mund gesehen, aber auch in seinen Augen. Niemand hatte den „Mann in Schwarz" jedoch in der Schwitzhütte erlebt, bei der ich

Feuermann war. Dass der Mann in der schwarzen Kutte mit stahlblauen Augen kam und zum Schluss aber braune hatte, dass er die Kutte für das Schwitzbad gar nicht auszog und trotzdem keinen Schweißtropfen auf der Stirn hatte und dass die weiße Kordel, die mit nur einer, also keiner doppelten Schlaufe gebunden war, selbst nach dem Kriechen und Sitzen in der Schwitzhütte kein bisschen verrutscht war – das alles hatte ich bemerkt und erinnere mich daran. Ebenso wie die modernen Basketball-Kniestrümpfe mit zwei blauen und dazwischen einem roten Ringelstreifen, die er trug, dazu jedoch keine Schuhe.

Ein junger Amerikaner, mit dem ich nach dem Sonnentanz zusammen mit meinem Feuermannlehrer Bradford durch die USA fuhr, hatte die Szene zwischen mir und dem Mann in der Kutte ebenfalls gesehen. Ich fragte ihn, wer und was das wohl war, und er meinte: „May be he has blessed you!" – „Vielleicht hat er dich gesegnet!"

Bei späteren Erzählungen im kleinen Kreis lernte ich hie und da ein Fragment an Wissen dazu, zum Beispiel, dass manche Indianer, sogenannte Heyoka, oft vom Tanzplatz verbannt würden. Es gab auch die klare Aussage, dass ich den Mann eines Tages wiederfinden werde. Aber so richtig gab mir niemand eine Erklärung.

WIE KONNTE CRAZY HORSE 111 JAHRE NACH SEINEM TOD WIEDERKOMMEN?

Es gibt ein Buch von Anthony Borgia, von dem ich erst im Sommer 2012 erfahren habe. In „Das Leben in der unsichtbaren Welt" beschreibt der Sohn des Erzbischofs von Canterbury durch ein Medium das Leben nach dem Tod. Borgia war selbst katholischer Pfarrer und wollte mit Fehlinformationen aufräumen. Er berichtet, dass das Leben nach dem Tod ein durchaus echtes Leben sei und dass sich die Welt im Himmel einzig danach gestalte, wie sehr man auf Erden anderen Menschen geholfen habe. Insgesamt scheint der Mensch, nach seinen Übermittlungen, in eine Welt zu kommen, die der Art seiner Gedanken zu Lebzeiten entspricht. Es zähle jedoch nur das Gebende, das wirklich von Herzen komme, was man in Wirklichkeit denke. Egoisten würden die Rechnung insofern erhalten, als dass sie mit anderen Egoisten zusammen im Jenseits leben müssten und sich diese dort gegenseitig ärgern und schaden würden.

In seinem Buch schildert Borgia auch, dass Geistwesen zu feierlichen oder zeremoniellen Anlässen eher die Chance haben, Kontakt mit der irdischen Welt aufzunehmen. Denn das seien bekannte Zeitpunkte, bei denen man wisse, dass „die anderen" wahrscheinlich anwesend sein würden. Es herrsche dann ein höheres Energieniveau, weil mehr Menschen gleichzeitig beten oder meditieren bzw. an dieselbe Sache denken.

MEINE REISEN ZU DEN LAKOTA

1988 – MEIN ERSTER SONNENTANZ

Im Sommer 1988, kurz nachdem ich Archie Lame Deer in Österreich kennengelernt hatte, flog ich mit meiner Schwester nach Los Angeles und fuhr dann zu Archie nach Santa Barbara. Mit mehreren Autos, seinen drei Kindern, seiner Frau und einigen Lakota sowie meiner Schwester fuhren wir quer durch Kalifornien, Arizona, Utah, Colorado und Wyoming nach Süd-Dakota.

In Arizona nahm mich Archie mit zum Sonnentanz bei den Navajo. Archie und Crow Dog hielten für diese einen Lakota-Sonnentanz ab. Dort stellte er mich Brad vor, der mir das „Handwerk" des Feuermanns für Sonnentänze beibringen sollte. Danach fuhr ich in einem alten VW Käfer, den ich einem der Tänzer für 500 Dollar abgekauft hatte, über Wyoming und Nevada zurück nach Kalifornien. Die ersten Tage war noch ein Freund dabei, der die Rückkehr von Crazy Horse, also den „Mann in Schwarz", ebenfalls gesehen hatte. Die ganze Tour war ein einziges Abenteuer: Wir schliefen im alten VW Käfer am Hafen von San Francisco, in San Remo ohne Zelt auf dem Rasen und manchmal neben dem Highway. Wir waren in den Redwoods bei ausgewanderten Deutschen, wir trieben uns in der Musikszene von San Francisco herum, und ich lernte Jan Sacek kennen, einen der Erfinder der Computertomografie. Wir saßen mit IT-Ingenieuren von der Stanford University im Silicon Valley, wo sie beim Programmieren die ganze Zeit Wasser-Bong-Pfeifen rauchten.

Mit Archie waren wir im Death Valley, im Monument Valley und am Grand Canyon.

1997 – DAS ERSTE TREFFEN
MIT ARVOL LOOKING HORSE

Neun Jahre danach, im Spätsommer 1997, reiste ich allein über Amsterdam nach Minneapolis und weiter nach Rapid City. Ich hatte Ärger mit Archie und wollte wissen, was los ist. Und mich trieb der „Mann in Schwarz" um, den ich 1988 so deutlich gesehen hatte. Ich besuchte Stanley Looking Horse, den Vater von Arvol – er verwies mich an seinen Sohn. Bei dieser Reise fuhr ich durchs Reservat und besuchte in Nebraska Fort Robinson, den Ort, an dem Crazy Horse ermordet worden war. Ich wollte direkt an der Stelle der Ermordung von Crazy Horse für ihn bitten und hoffte, er würde sehen, dass sein Lebenswerk unvergessen ist. Erst danach las ich von der alten Prophezeiung eines Medizinmanns, dass Crazy Horse als „schwarzer Mann" zurückkehren werde.

2001 – RUNDREISE DURCHS LAKOTA-LAND

Im Jahr 2001 lud ich meine spätere Frau Veronique ein und bereiste mit ihr zusammen das Land, wie ich es mir immer gewünscht hatte, ganz „normal" als Tourist. Das erste Mal sah ich das Crazy Horse Monument – und war sprachlos. Wir waren zusammen bei Arvol Looking Horse, dann wieder in Fort Robinson und im Beaver Valley, wo Crazy Horse begraben sein soll. Und wir waren beim Sonnentanz in Crow Dog's Paradise. Veronique hatte ich 1997 beim Pipeholder Meeting das erste Mal gesehen und war hingerissen von ihr. Ich kontaktierte sie per Telefon, wir begannen zu schreiben, und ich wusste: Sie ist meine Traumfrau. Aber erst 2001 kam sie schließlich mit in die USA. Dort „funkte" es, wir wurden ein Paar und heirateten 2003. Heute haben wir zwei gemeinsame Kinder.

In diesem Jahr habe ich erneut Arvol Looking Horse, den Hüter der Weißen Büffelkalbpfeife, getroffen.

2006 – WIEDERSEHEN MIT ALTEN FREUNDEN

2006 war ich wieder mit Veronique und meinem damals dreijährigen Sohn in den USA. Schwerpunkt unserer Tour waren diesmal die Black Hills und die Badlands. Wir haben unsere alten Freunde im Coyote Blues Village in Hill City besucht und dort die meiste Zeit verbracht. Da das auch alte Freunde von Archie und der ganzen Lakotagruppe sind, haben wir dort andere alte Freunde getroffen und so alle Neuigkeiten erfahren.

DIE AUFGABE, DIE ICH ÜBERNOMMEN HABE

Als ich später einigen spirituellen Persönlichkeiten mein Erlebnis mit dem Geist von Crazy Horse berichtete, legten sie es so aus, dass Gott zu mir gesprochen habe. Die Auslegung des Erlebnisses liegt nach den Spielregeln der Lakota bei mir. Für mich persönlich gilt, dass mich ein Freund aus dem Himmel besucht hat. Crazy Horse hat über Zeit und Raum seine Freundschaft bewiesen, hat meine Arbeit als Pionier der Ökologie anerkannt und mir damit eine der großen Freuden meines Lebens bereitet (meine Kinder sind selbstverständlich die größte Freude in meinem Leben).

Dass ich von Archie Lame Deer als „communicator" bestimmt wurde – damit konnte ich lange nichts anfangen. Ich wusste einfach zu wenig über die Kultur und den Glauben der Lakota, und ich wusste vor allem nicht, wie ich diese Aufgabe annehmen und ausfüllen sollte. Neun Jahre später wurde ich von Archie zwar als Heyoka initiiert, aber ich dachte nicht mehr daran, mit meinem „Auftrag" an die Öffentlichkeit zu gehen. Ich war der Meinung, mein berufliches Engagement, also die Marketingkommunikation in Sachen Ökologie, sei ausreichend.

DIE DISKREPANZ ZWISCHEN ANSPRUCH UND REALITÄT

Zur selben Zeit wurde mir jedoch auch bewusst, dass es in Sachen Umweltschutz und Nachhaltigkeit nicht

recht weiterging: Mein Bemühen, den Menschen ökologische Produkte nahe zu bringen, ja, sie zu einer
Selbstverständlichkeit zu machen und so die Umwelt
nicht nur zu schützen, sondern gemeinsam mit anderen für einen Umschwung im Denken zu sorgen, trug
zwar Früchte. Doch es ging alles zu langsam voran, um
wirklich effektiv Erfolge zu zeitigen. Die Bedrohungen
unserer Welt durch den Klimawandel nahmen nicht
ab. Im Gegenteil: Sie schienen größer zu werden. Alles
schien darauf hinauszulaufen, dass wir Menschen das
Problem nicht in den Griff bekommen würden. Selbst
in Süd-Dakota war bei meinen Besuchen 1997 und
2001 das Flüsschen hinter der Hütte von Arvol Looking
Horse in Folge des Goldabbaus in den Black Hills und
wegen der Industrieabwässer in der Reservation noch
so stark belastet, dass man nicht einmal hineinwaten
durfte: Einige Kinder wurden schwer krank, weil sie
darin gebadet hatten. Das Wasser war so verseucht,
dass wichtige Pflanzen für die Heilungen mit natür-
licher Medizin auszusterben drohten.

DIE LEGITIMATION DURCH DIE LAKOTA

Im selben Jahr, also 1997, beschäftigte ich mich das erste
Mal ausführlich und intensiv mit Crazy Horse, recher-
chierte über sein Leben und seine Intentionen. Aus dem
Buch von John Fire Lame Deer („Seeker of Visions")
lernte ich viel über die Spiritualität, die Weisheit und das
Weltbild der Lakota. Das Thema begann mich mehr und
mehr zu faszinieren, ich verstand nach und nach – wenn
auch bei Weitem nicht alles –, was mir Archie, Arvol und

die anderen weisen Männer der Lakota an Wissen ver-
mitteln wollten. Es gehörte aber eben zu meinem Weg,
im Hintergrund zu bleiben. Archie sagte mir einst, ich
würde fünfundzwanzig Jahre brauchen – und die sind in
diesem Jahr erreicht. Er wusste damals schon genau, was
ich tun würde und müsste.

Vier Jahre später, also 2001, traf ich Arvol Looking
Horse erneut. Der Hüter der Weißen Büffelkalbpfeife
in der 19. Generation führte viele Gespräche mit mir.
Und er sagte mir die Worte, die letztlich auch zu diesem
Buch führten: „Go, tell them." Ihm verdanke ich meine
„offizielle" Legitimation (siehe rechts). Ich habe sie nicht
für mich gebraucht, aber die Welt braucht so ein Stück
Papier, um mich als einen Vertreter der Lakota zu akzeptieren. Meine Aufgabe, den Menschen zu berichten und
ihnen etwas vom Lakota-Wissen nahezubringen, habe
ich angenommen: in meiner Arbeit, bei der ich nach wie
vor, wie seit gut 25 Jahren, ökologische und nachhaltige
Produkte in Werbung und Marketing betreue. Und im
Privaten genauso.

WHITE BUFFALO TEACHINGS

From: Chief Arvol Looking Horse

Subject: Support of Stephan Götze and the WWF - World Wide Fund for Nature

As Spiritual Leader of the Lakota, Dakota and Nakota Nation, my responsibility and concern for my people is also a responsibility and concern for the land. My priority and life's work is the longevity of the Nations survival in a healthy environment, for the sake of future generations. I have witnessed an alarming rate of deterioration in the Environment, the Animal, and the Plant Nations; a rate of deterioration that, if not halted, will surely destroy the health of my people.

I have known Mr Götze for a very long time. As a result of his visits to my home in Green Grass, SD and our many telephone conversations during the course of the past 12 or so years, I have grown to trust him for his integrity and thoughtfulness. In his last visit he explained his new goals for trying to assist the Lakota, Dakota and Nakota people through business efforts. He, and us, wishes to make sure solid, expert steps are taken to promote land-restoration on Lakota, Dakota and Nakota territories and their surroundings. These steps are long over-due. The on-going destruction continues to be ignored. It seems that our own Environmental Protection Programs, as a result of the limited funds allocated to them, are greatly hindered in their efforts to halt this rapid deterioration.

Our lands are riddled with lead and mercury poisoning from Home Stake Minings use of our Sacred Black Hill. Home Stake, a company which began mining for gold back in the late 1800´s, has left us with rivers that our children can no longer swim in and fish that can not be consumed. Our plants and medicines - the ones we use to heal our people - are now dying at an alarming rate because of the various pollutants emitted by toxic chemicals used in pesticides and rapid alterations in agricultural practice. There needs to be a world wide effort to halt the mistreatment damaging our Sacred Mother Earth; an expansion of the efforts which I work on personally with World Peace and Prayer Day, www.worldpeaceday.com.

So in view of the responsibilities and personal goals I have set for the future of our people, I would like to offer this letter of support for Mr Stephan Götze, in the hope that it will help him to obtain the assistance necessary for making this project a success for the betterment of our communities. I feel he can be trusted to make the best judgement on behalf of our people where in any assistance toward our welfare can be decided.

I thank you for your time. In the Circle of Life there is no beginning and no ending!

Mitakuye Oyasin (All my relations),

Chief Arvol Looking Horse
19th Generation Keeper of the Sacred White Buffalo Calf Pipe

Green Grass, SD., USA, Octobre, 2001

Chief Arvol Looking Horse

Arvol Looking Horse, Träger des Friedenspreises der Vereinten Nationen, beauftragte mich im Jahr 2001, das wertvolle Wissen der Indianer zu erklären. Damals gab er mir das Schreiben für ein WWF-Projekt. Ich übernahm die Legitimation für weitere Arbeiten und ließ das „Go" für dieses Buch durch die Familie Lame Deer erneuern.

PRÄGENDE BEGEGNUNGEN MIT DEN LAKOTA

Ich hatte das große Glück, bei den Lakota weise und spirituelle Menschen kennenzulernen, manche ein Stück Wegs zu begleiten und von ihnen zu lernen.

ELMER „NORBERT" RUNNING: VISIONEN MIT ZWEIERLEI GEISTWESEN

Im Jahr 1995, an einem Wochenende, bei dem ich eigentlich ein lockeres Camping mit indianischer Begleitung im Sinn hatte, traf ich den Medizinmann Elmer Running. Elmer war der Sundance Chief der Brulé Lakota, einer Untergruppe der Lakota, und damals weit über siebzig Jahre alt (er ist 2009 gestorben). Wegen seines hohen Alters war er schon sehr dünn und klein. Elmer war wirklich etwas Besonderes. Er erzählte uns, dass zwischen seiner Vision der Berufung zum Medizinmann und dem Tag, an dem er diesen Ruf wirklich annahm, siebzehn Jahre vergangen sind (also sind meine fünfundzwanzig Jahre gar nicht so ungewöhnlich). Er hatte die sehr seltene Vision, zwei Arten von Geistern anrufen zu können; nämlich die Heyoka-Geister, die mit Blitz und Donner verbunden sind, und die Iktome-Geister, die Spider spirits (Geister des Spinnenvolks). Er sagte, dass er nur zweimal in seinem ganzen Leben die Heyoka spirits gerufen habe, denn die würden keinen Fehler verzeihen. Wenn er nur die kleinste Abweichung am Aufbau des Altars habe oder den kleinsten anderen Fehler mache, würden die Heyoka spirits den ganzen Altar zerstören. Außerdem sei es Teil seiner Initiation gewesen, dass er erfahren habe: Wenn er seine Gabe missbrauche, für irgendetwas anderes gebrauche als für Gutes und für Heilungen, würden ihn die Geister in ewiger geistiger Verdammnis zurücklassen.

ELMER RUNNINGS ZEREMONIE

Für denselben Abend war eine Zeremonie angesetzt. Ich war nicht gerade glücklich darüber, denn ich leide mehr oder weniger an einer Spinnenphobie. Ich ging also vorher zu Elmer und sprach mit ihm über meine Angst vor Spinnen und dass ich sie eigentlich immer töte, wenn ich sie sehe. Elmer meinte: „You got to apologize to spiders." – „Du musst dich bei den Spinnen entschuldigen."

Ein mittelgroßer Raum war völlig abgedunkelt worden, ganz und gar, bis zum letzten Lichtspalt. Etwa dreißig Personen nahmen an den Wänden entlang Platz. Zuvor hatte Elmer seinen Altar aufgebaut. Wie bei fast allen zeremoniellen Handlungen war vor dem Verdun-

GEISTERERSCHEINUNG IM TV

Etwa ein Jahr später zappte ich eines Abends durchs TV-Programm und blieb bei einer dieser Wissenschaftssendungen hängen. Jemand hatte einen Geist filmen wollen – und was war auf dem Film zu sehen? Ein kleiner Lichtpunkt, der durch den Raum mal schwebte, mal flitzte, und ich erinnerte mich an die Zeremonie damals.

keln noch mit Salbei geräuchert worden. Dann begann Elmer seine Lieder zu singen. Plötzlich kamen kleine Lichtpunkte in den Raum geflogen, von allen Seiten. Sie knisterten teilweise, tanzten in der Luft, der eine oder andere flog durch das Dach. Jedenfalls betete ich ganz brav und bat die Spider spirits um Verzeihung. Letztendlich habe ich meine Angst vor Spinnen jetzt akzeptiert. Und hin und wieder helfen sie mir seitdem, indem sie mich warnen, wenn etwas Ungutes droht.

Bei dieser Zeremonie von Elmer Running baten wir unter anderem für einen jungen Mann um Heilung, der am Erblinden war. Als das Licht wieder anging, saß er an die Wand gelehnt. Nahe an dem Auge, in dem die Krankheit am schlimmsten war, lief eine für hiesige Breiten stattliche Spinne vorbei, aber das sah und wusste er nicht. Er sagte nur: „Da knistert etwas, etwas passiert in meinem Auge, ich sehe kleine Lichtblitze." Es passierte aber noch mehr. Eine Frau wollte sich für eine Heilung vor langer Zeit bedanken. Als das Licht wieder angegangen war, hatten die spirits die großen Fahnen vom Altar zu einem zweischichtigen, fünffach quer-, über- und untereinander gelegten Zopf geflochten und der Frau zugeworfen. Er war so akkurat und schön, dass man so etwas schon bei Licht kaum hinbekommen kann.

Bei dieser Zeremonie waren ganz verschiedene Leute anwesend, unter anderem auch ein Physiker, der eher zufällig jemanden begleitet hatte. Er wollte von Spiritualität vorher gar nichts wissen und war nach der Zeremonie fassungslos: Sein ganzes Weltbild war zusammengebrochen, und er stand da mit offenem Mund.

ARVOL LOOKING HORSE:
HÜTER DER WEISSEN BÜFFELKALBPFEIFE

Arvol Looking Horse ist der derzeitig wohl bekannteste spirituelle Führer der Lakota. Er initiierte 1996 den World Peace and Prayer Day (WPPD), der mittlerweile in allen Teilen unserer Welt stets am 21. Juni stattfindet, 2013 in Santa Ynez in Kalifornien. Auch dafür erhielt er 2007 als spiritueller Führer der Lakota den Friedenspreis der Vereinten Nationen. Ich lernte Arvol 1997 später kennen, im selben Jahr, als ich zum Heyoka wurde. Arvol ist in 19. Generation der Hüter der Weißen Büffelkalbpfeife – er erhielt diese Aufgabe bereits im Alter von zwölf Jahren. Noch kurz vor der Jahrtausendwende war er der Überzeugung, dass die Katastrophe, auf die die Menschheit zusteuert, unausweichlich sei. Alle Prophezeiungen würden dies voraussagen, dieses Mal geschähe es durch Wind und Wasser. Arvol ist ein großer Mann – dennoch hoffe ich, dass er sich hier getäuscht hat.

ARVOLS WUNSCH: „GEH UND BERICHTE!"

Noch Mitte der 1990er-Jahre erklärte Arvol Looking Horse vor einer Versammlung des AIM (American Indian Movement): „White Man can't have visions." – „Der weiße Mann kann keine Visionen haben." Manch einer jubelte ihm zu. Ich habe das erst nach meinem Besuch bei ihm erfahren. Jedenfalls habe nicht nur ich, sondern haben auch ein paar wenige andere Weiße eine indianische Vision erlebt. Ich kann Arvol in seiner Sicht der Dinge verstehen, doch ich stimme nicht mit ihm überein: Indianer sind keine besseren Menschen; wir sind alle gleich gut und gleich schlecht. Gott schenkt auch Weißen Spiritualität.

Als ich vier Jahre danach wieder mit Arvol Looking Horse zusammentraf, erhielt ich von ihm das Legitimationsschreiben und den „Auftrag": „Go, tell them!" Wobei ich darauf hinweisen muss, dass solch eine Aufgabe (wie auch andere bei den Lakota) nicht angeordnet oder befohlen wird. Stets werden die Entscheidungsfreiheit und der Wille des Einzelnen beachtet und respektiert. „Go, tell them!" – diese Worte aus Arvols Mund allerdings waren in meinem Leben ein weiterer Anstoß. Arvol ist bei den Lakota – als Hüter der von Gott durch die Weiße Büffelkalbfrau überbrachten Pfeife, dem höchsten bekannten Heiligtum der Lakota – so etwas wie der Papst für die katholische Kirche.

ARCHIE FIRE LAME DEER: LEHRER UND MEDIZINMANN

Die meisten unserer kleinen Gruppe, die in Europa den Weg der Lakota gehen, nennen Archie, unseren Lehrer, in Lakota-Tradition „Onkel".

Archie Fire Lame Deer wurde etwa 1935 geboren und starb 2001. Sein Urgroßvater unterzeichnete zusammen mit Red Cloud und Spotted Tail 1868 die Verträge mit der amerikanischen Regierung in Fort Laramie.

Erst nach seinem vierzigsten Lebensjahr war Archie ein Heiler, anerkannt als Wicasa Wakan, als heiliger Mann und Medizinmann der letzten Stufe.

Von Archie Fire Lame Deer wurde ich in diverse Riten eingeweiht, vor allem in das Grundwissen der Lakota über den Kosmos und seine Wunder.

SPÄT BERUFENER BEWAHRER DER LAKOTA-TRADITIONEN

Sein Leben davor war mehr als abwechslungsreich: Er hatte den schwarzen Gürtel in Karate, bestritt drei Schwergewichts-Profi-Boxkämpfe, wurde 184-mal wegen Schlägereien und Trunkenheit verhaftet. Wie so viele Lakota war Archie oft im Gefängnis. Aber er war auch Soldat im Koreakrieg, Ausbilder der Green Berets und Fallschirmspringer. Als er in Deutschland in Baden-Baden stationiert war, teilte er sein Zimmer mit Elvis Presley, den er auch vom Film kannte. Nach dem Krieg arbeitete Archie als Chef-Stuntman in Hollywood, kannte viele Filmstars und war nicht nur Mitwirkender in vielen Wildwestfilmen, sondern später – als man sich eher auf die tatsächlichen historischen Ereignisse besann – Berater für die Filmindustrie. Gegen Ende der 1960er-Jahre beschloss er, sich und sein Leben für die indianische Kultur einzusetzen.

Den Ruf, Nachfolger seines Vaters John Fire Lame Deer zu werden, nahm er also erst sehr spät an. Zunächst begann er mit großem Erfolg mit der Therapie von Alkoholikern (Alkoholismus ist nach wie vor ein Hauptproblem in den indianischen Reservaten). Zusammen mit Leonhard Crow Dog baute er die Sonnentanzreligion wieder zu dem auf, was sie heute ist. Es war – da bin ich sicher – nicht leicht für ihn, die Nachfolge eines großen Medizinmanns anzunehmen: Sein Vater John war nämlich der Letzte einer der größten spirituellen Familien der Lakota und der ganzen Welt. Archie hat diese Linie mit Erfolg weitergeführt, und sein Sohn John hat 2001 wiederum seine Nachfolge angetreten.

VERRÄTER ODER VISIONÄR?

Es gab viele, die Archie kritisiert und beschimpft haben. Es gab Vorwürfe wie Plastic Medicine Man, also Betrüger, Vortäuscher. Man warf ihm vor, er würde indianische Geheimnisse verraten. Doch wir können dankbar für das sein, was er getan hat. Heute wissen sehr viele, dass er einer der größten Medizinmänner aller Zeiten war. Archies Einsatz für die Sache seines Volkes und die Selbstlosigkeit, mit der er Menschen heilte und das Lakota-Wissen weitergab, sind unumstritten.

Archie war der Freund nicht nur von Elvis Presley, Bob Dylan und Montgomery Clift. Er hatte auch Kontakt zu den großen spirituellen Führern unserer Zeit:

Der Dalai Lama suchte ihn auf und seinen Rat, er hatte eine Audienz beim Papst. Auch der 16. Gyalwa Karmapa und der Maharishi Yogi schätzten seine Freundschaft. Archie sagt in seinem Buch, er habe viel von seinem Freund, dem Gyalwa Karmapa, gelernt. In unserer Gruppe von Weißen, die in Europa den Lakota-Weg gehen, sagte er einmal: „We all know each other from former times." – „Wir kennen uns alle aus früheren Zeiten."

Archie hat mir auf meinen Weg alles mitgegeben, was ich brauchte. Heute, fast ein Vierteljahrhundert nach meinem ersten Treffen mit ihm, verneige ich mich vor Archie Fire Lame Deer und seiner spirituellen Kapazität. Er lebte letztendlich in der Linie einer vielleicht dreitausendjährigen Familientradition von Medizinmännern, die zugleich immer auch Häuptlinge des Zweiges der Mnikowoju der Lakota waren. Archies Vorfahren waren, ich glaube das so sagen zu dürfen, die größten Krieger, Häuptlinge und Medizinmänner zugleich. Dennoch nannte er Crazy Horse den größten aller Lakota-Krieger – das verdeutlicht wohl am besten Archies Bescheidenheit. Die Familie Lame Deer besitzt genau jenen bis zum Boden reichenden Federschmuck, der unser Indianerbild so geprägt hat. Ich wüsste nicht, wer außerdem einen so prächtigen langen Federschmuck hat.

Nach dem Tod von Archie Fire Lame Deer besuchte ich Treffen der Lakota nur noch ganz sporadisch, für einige Jahre sogar überhaupt nicht. Ich führte meine Arbeit fort, indem ich weiter Verhaltensforschung und Marketing für ökologische Produkte und Projekte betrieb – meine Weise, die Zusagen bei den Lakota zu erfüllen, so gut es mir eben möglich war und ist.

ARCHIE FIRE LAME DEERS WARNUNG

„And if you got that power and you abuse it, you will wish that you would never have been born. At first all your friends will back off from you, and then your family will leave. And then you will cry. And then your whole world will drown... And if you think that you can do better than the Medicine Man, you will see."

„Und falls du die Gabe, die du bekommen hast, missbrauchst, wirst du wünschen, niemals geboren worden zu sein. Zuerst werden sich all deine Freunde zurückziehen, dann wird deine Familie dich verlassen. Und dann wirst du weinen. Und dann wird deine ganze Welt untergehen ... Und wenn du denkst, du kannst es besser machen als der Medizinmann, wirst du sehen ..."

Das waren die Worte, die Archie Fire Lame Deer an mich richtete. Im härtesten Tonfall, der je zu mir gesprochen wurde. Und das nach meinem Initiations- ritus zum Heyoka im Jahr 1997 an einem heiligen Platz in Österreich. Ich konnte mir zu diesem Zeitpunkt nicht vorstellen, was er damit meinte. Archie war wie mein Onkel, mein Freund, wir haben zusammen gelacht und geweint. Ich war sein Feuermann bei einer Sonnentanz- zeremonie der Lakota und bei vielen Schwitzhütten- ritualen. Ich bin mit seiner Familie durch den Westen der USA gereist. Und dann diese harten Worte? Aber ich lernte zu verstehen. Erst Jahre später begriff ich, dass die Versuchung, mein Wissen zu missbrauchen, doch manchmal da war; umso mehr bin ich Archie zu Dank verpflichtet, dass er mich gewarnt hatte.

An einem Geburtstag meiner Tochter. Ich war damals Mitte 40 und wohnte in Heidelberg.

WAS ICH GELERNT HABE

Ich habe religions- und politikfrei fast ein Vierteljahr-hundert lang zur Verbreitung des Umweltbewusstseins beigetragen. Durch Marketingkommunikation und Ver-haltensforschung, Public Relations und Verbandsarbeit. Ich war vom Anbeginn der ökologischen Bewegung spe-zialisiert darauf, jeweils die nachhaltigsten Produkte ih-rer Sparte einzuführen und zu vermarkten. Das war für mich die Übertragung der indianischen Haltung in die heutige Zeit, ohne dabei für Indianer Werbung zu ma-chen. Meine Verbindung zu den Lakota habe ich so gut wie nie erwähnt.

Im Grunde war ich der Ansicht, mit meiner letzten Präsentation auf dem ESOMAR-Weltkongress 2009 in Montreux hätte ich meine Arbeit getan. Aber ich habe mich geirrt. Denn wieder und wieder ging mir dieses Thema im Kopf herum; ich suchte, was ich übersehen haben könnte. Und ich verstand langsam, dass ich etwas zu Ende bringen musste. Dass all meine Erlebnisse, die Erfahrungen mit anderen, mit Archie Fire Lame Deer und Arvol Looking Horse, mit weiteren Lakota, aber auch anderen spirituellen Menschen, endlich geteilt werden sollten. Dieses Buch ist meine „Botschaft". Ich habe dafür das Einverständnis der Lakota-Familie in Europa und von John Fire Lame Deer, Archies Sohn und Nachfolger, sowie seiner ältesten Tochter, Josephine Fire Lame Deer.

EIN KREIS SCHLIESST SICH

1988 bin ich das erste Mal mit Archie Fire Lame Deer zusammengetroffen – 111 Jahre nach dem Tod von Crazy Horse. 1997 jährte sich dessen Todestag zum 120. Mal, und ich nahm die Aufgabe an, die spirituellen Aspekte der Lakota in Bezug auf unsere heutige Zeit, auf unsere Umweltprobleme, ja sogar auf den Klimawandel zu veröffentlichen. In meiner „normalen" Arbeit war Ökologie von Anfang an ein Thema gewesen, die „Aufklärung", ja: Heilung durch Kommunikation wurde mir im Laufe der Jahre ein immer dringenderes Anliegen. Die Aussage von Arvol Looking Horse, die eigenen Erlebnisse seit meinem ersten Zusammentreffen mit Archie Fire Lame Deer – all das führte dazu, dass ich mich mit dem Thema Indianer nachdrücklicher befasste. Dieses Wissen möchte ich mit Ihnen teilen.

Die Lakota nennen sich auch „die Büffel-nation". Freilaufende Büffel nähern sich Lakota-Indianern ohne Scheu; sie sind friedlich und lassen sich sogar streicheln.

DAS WELTBILD
UND DIE RELIGION
DER LAKOTA

Wir kennen die Lehre von den vier Elementen aus der Antike oder von den Alchimisten des Mittelalters. Bei indianischen Zeremonien sind Feuer, Luft, Erde und Wasser ebenfalls wichtig und immer „anwesend".

Bei den Lakota sagt man: So wie das Erste auf der Welt das Wort war, versetzen die uralten Gesänge, von Gott oder der Geistwelt gebracht, die vier Elemente in Schwingung, und so werden sie zur Realität. Die Vier ist deshalb die heilige Zahl in der Religion der Lakota, sie findet sich in den vier Speichen des Medizinrades wieder. Die Kreisform dieses Symbols hat ebenfalls zentrale Bedeutung: Nach indianischer Vorstellung vollzieht sich alles in Kreisläufen – in den vier Himmelsrichtungen, den vier Jahreszeiten...

WAS LAKOTA-GLAUBEN
UND ANDERE RELIGIONEN VERBINDET

Lehre und Spiritualität der Lakota decken sich in etlichen Punkten mit anderen Religionen:

▸ Gott ist einer und zugleich viele. Er teilt sich, immer weiter. Gott ist mindestens im Himmel.

▸ In der spirituellen Welt gibt es goldene Lichter. Die Erleuchtung geht mit goldenen Lichtern einher, die Geistkörper von Pfeifen sind golden – wobei das nur die Eingeweihten sehen. Spirits kommen als kleine goldene Lichter in Zeremonien – das ist für jeden sichtbar, der dabei ist.

▸ Der Himmel reagiert – meist mit Wetterphänomenen – auf Gebete, Zeremonien oder bestimmte Ereignisse. Dies sind jedoch keine alltäglichen Erscheinungen.

▸ Es gibt Medizinmänner, Heiler, Schamanen, die Wetter mehr oder weniger routiniert, lokal oder regional, beeinflussen konnten und bis heute können: In der Vergangenheit waren das beispielsweise die Kelten, heute noch sind es die Lakota.

MYTHEN UND ÜBERLIEFERUNGEN DER LAKOTA

Bis die Weißen kamen, gab es bei den Lakota keine niedergeschriebenen Überlieferungen und keine Sprachschrift, sondern lediglich eine Bild- und Symbolschrift. Alle wesentlichen Traditionen und Überlieferungen wurden mündlich von den Alten an die Jungen weitergegeben; so hat sich das Wissen über Generationen hinweg bewahrt.

DIE WIND CAVE IN DEN BLACK HILLS: ENTSTEHUNG DER MENSCHHEIT

Bevor die Menschheit auf Erden erschien, gab es nur eine rein geistige Welt. Erst als Gott sich entschloss, die Menschen zu erschaffen, wurde die Welt materiell und damit bipolar, also auch widersprüchlich. Die Lakota kamen vor etwa 35.000 Jahren aus der Wind Cave in den Black Hills auf die Erde. Diese „Schwarzen Berge" – bei den Lakota Paha Sapa – sind eine Gebirgskette, die sich vom Westen des amerikanischen Bundesstaats South Dakota bis in den Nordosten des Nachbarstaats Wyoming zieht. In der Mythologie der Lakota sind die Black Hills besonders wichtig, denn sie stammen von hier, sie selbst sagen: Sie waren schon immer hier. In diesen Bergen wohnt Wakinyan Wakan, der „Geflügelte Donner".

Einst soll – so berichtet die Legende – ein Rennen zwischen Zweibeinern (den Vögeln, die den Menschen repräsentierten) und Vierbeinern (symbolisch für die Tierwelt) stattgefunden haben. Die Vögel waren die Sieger des Rennens. So entstand die natürliche Ordnung in der Welt, in der Menschen über der Welt stehen, sie zwar nicht dominieren, aber sich in ihr versorgen dürfen. Deshalb dürfen nach Lakota-Glauben die Indianer Bisons und anderes Wild töten, um sich von deren Fleisch zu ernähren. Jeder Indianer betet nach der erfolgreichen Jagd für die Tierseele und entschuldigt sich, dass er das Tier getötet hat. Er nimmt nur das, was er zum Leben braucht, denn Tiere sind – wie alle lebenden Wesen – mit den Lakota verwandt.

DIE WELTWEITE SINTFLUT

Die Geschichte der heutigen Lakota beginnt mit einer urzeitlichen Katastrophe, genauso wie es bei vielen Völkern rund um den ganzen Erdkreis berichtet wird:

▸ In der Bibel ist es die Sintflut (die übrigens nichts mit dem Wort „Sünde" zu tun hat. Das Wort kommt vielmehr aus dem Mittel- und Althochdeutschen, wo sin(t)fluot oder sin(t)vlout nichts anderes bedeutet als „immerwährende Überschwemmung").

▸ Im Gilgamesch-Epos und bei den Sumerern berichtete man im zweiten Jahrtausend vor unserer Zeitrechnung von einer großen Überschwemmung.

▸ In Indien rettete ein Fisch namens Matsya die Menschen vor einer Flut.

▸ In der nordisch-isländischen Edda überleben lediglich zwei Riesen die große Flut.

▸ Selbst die Aborigines in Australien erzählen von einem großen verheerenden Wasser, bei dem „in der Zeit des großen Kängurus Tiergeister die große Flut zurückhielten".

Bei allen Völkern, in allen Überlieferungen und religiösen Schriften teilt sich die Geschichte dieser Flut in ein Vorher und ein Nachher. Eine genaue Datierung dieser Flut ist aus der Historie der Lakota heraus nicht möglich.

Auf Bibel-TV wird seit geraumer Zeit hin und wieder eine Sendung ausgestrahlt, in der seriöse Geologen erklären, dass sich aus Gesteinsablagerungen im Grand Canyon und in anderen Teilen der Welt belastbare Hinweise auf eine große weltweite Flut ergeben. Anders lassen sich beispielsweise bestimmte Verschiebungen von Meeresfossilien in Landgebiete oder auf Höhenlagen nicht erklären. Vor allem aber gibt es in den Gesteinsschichten, die wie ein geologischer Kalender übereinander geschichtet und von Geologen als solche zeitlich „lesbar" sind, Zeitlücken. Sie werden mit einer weltweiten „Sintflut" plausibel.

DAS GROSSE WASSER

Die indianischen Überlieferungen besagen, dass ein großes Wasser kam und immer höher stieg. Das Volk der Lakota rückte mehr und mehr zusammen und wanderte hinauf auf einen Berg, um nicht in den Fluten zu ertrinken. Doch vergebens: Das Wasser bedeckte letztendlich den Gipfel, es gab kein Entrinnen mehr. Nur eine junge Frau stand zum Schluss noch auf der höchsten Spitze des Berges. Da kam ein großer Adler, ergriff sie, trug sie davon und setzte sie auf trockenem Gelände ab. Die junge Frau war zu diesem Zeitpunkt schwanger und gebar nach der glücklichen Landung Zwillinge. Diese beiden waren der Beginn der neuen Lakota-Nation.

Alle übrigen Lakota starben in der verheerenden Flut, zusammengekauert und aneinandergeklammert bis zum Ende. Als die Flut endlich vorüber war und das Wasser sank, versteinerten Blut und Knochen des ertrunkenen Lakota-Urvolkes. Aus diesem Stein, der rot gefärbt ist, gewinnen die Lakota bis heute die Pfeifenköpfe ihrer Zeremonialpfeifen (siehe unten). Der sogenannte Pipestone Mountain liegt im Südwesten von Minnesota. Der nicht besonders große Berg besteht aus einem relativ weichen roten Stein, dessen Zusammensetzung in dieser Form nur einmal auf der Welt existiert.

GÖTTERBOTIN: DIE WEISSE BÜFFELKALBFRAU

Die heute noch ausgeübten Zeremonien und Gesellschaftsregeln der Lakota gehen auf die Götterbotin Ptesan Win – die Weiße Büffelkalbfrau – zurück, die vor neunzehn (nicht näher definierten) Generationen bei den Lakota erschien. Mit ihr kam außerdem der

50.000 JAHRE KULTUR?

Die Lehren der Pfeife an sich und der Schwitzhütte sind noch viel älter. Nach dem, was Archie Fire Lame Deer lehrte – und er hat nie irgendwelchen Unsinn erzählt, es hat sich über viele Jahrzehnte alles bewahrheitet, was er uns beigebracht hat –, ist seine Kultur insgesamt etwa 50.000 Jahre, die Lehre der schwarzen Pfeifen 35.000 Jahre und die Schwitzhütte mindestens 11.000 Jahre alt.

für Außenstehende vielleicht martialisch anmutende Sonnentanz (dazu unten mehr). Ptesan Win soll – nach anderer Überlieferung – eine Manifestation von Whope gewesen sein, der Tochter von Sonne und Mond, die Frau des Südwinds und die Herrin der Harmonie und Freude. Sie gilt als Verbündete der Erde, die Mutter alles Lebendigen ist. Für manchen Lakota gilt sie auch als Tochter von Wakan Tanka, des Großen Geistes.

Der Überlieferung nach sahen zwei Späher der Lakota, die in der Zeit einer drohenden Hungersnot – die Büffelherden waren ausgeblieben – nach Bisons Ausschau hielten, die Götterbotin. Als einer der beiden sie begehrte, verschwand er in einer Wolke. Nur ein Häufchen Knochen blieb übrig. Den anderen schickte Ptesan Win zum Stamm und gebot ihm, dass ihr Kommen vorbereitet würde. Als sie nach ein paar Tagen zum Stamm kam, übergab sie den Lakota eine Zeremonialpfeife mit rotem Kopf und weißem Stiel und sprach dazu diese Worte: „Seht diese Pfeife! Vergesst niemals, wie heilig sie ist, und behandelt sie demgemäß, denn sie führt euch zum Ende. Denkt daran, in mir sind vier Zeitalter. Ich gehe von euch, aber ich schaue auf euch zurück und am Ende kehre ich wieder." Sie unterwies den Stamm in den sieben heiligen Zeremonien, danach verwandelte sie sich in ein weißes Büffelkalb und verschwand. Als die Lakota ihr folgten, trafen sie auf eine große Büffelherde und hatten wieder genug zu essen.

Seit dem Erscheinen der weißen Büffelkalbfrau wird die Pfeife vom Hüter der Zeremonialpfeife aufbewahrt. Heute befindet sie sich bei einem Mitglied der Looking-Horse-Familie, nämlich bei Arvol Looking Horse. Er ist der Hüter dieser Pfeife in eben der neunzehnten Generation.

DIE SIEBEN RITEN DER HEILIGEN PFEIFE

Die Götterbotin hat den Lakota neben der Pfeife sieben heilige Rituale geschenkt. Sie sind heute noch ein grundlegender Bestandteil des Lakota-Rituallebens. Diese sieben sind:

▶ Die Schwitzhütte – Inipi
▶ Die Gesänge – Olowanpi
▶ Die Visionssuche – Hanbleceya
▶ Der Sonnentanz – Wiwang Wacipi
▶ Das Seelenhüten – Nagi Yuhapi
▶ Die Verschwägerung – Hunka Kacapi
▶ Das Ballspiel – Tapa Wankaheyapi

DIE BLACK HILLS ALS RELIGIÖSE STÄTTE UND NATIONALDENKMAL

Bis heute gelten die Black Hills den Lakota-Sioux als heilige Berge. In ihnen spielen viele ihrer Mythen und Überlieferungen, die spirituellen Orte in den Black Hills suchen sie heute noch für religiöse Handlungen auf. In seinem Buch „White Buffalo Teachings" beschreibt Arvol Looking Horse die Erde als Lebewesen und die Black Hills als das Herz der Erde. Im Vertrag von Fort Laramie, den die US-Regierung im Jahre 1868 mit den Indianern abschloss, sprach man die Black Hills den Lakota zu. Nur wenige Jahre später wurden bei einer illegalen Expedition dort Goldvorkommen entdeckt, die Regierung wollte das Land daraufhin wiederhaben. Die Lakota weigerten sich entschieden, das Gebiet an die amerikanische Regierung abzutreten. Nach einem Goldrausch und zahlreichen bewaffneten Auseinandersetzungen (z.B. Little

Bighorn 1876) kam es 1877 zur Zerschlagung des großen Reservats und zur Vertreibung der Lakota von ihren heiligen Stätten. Bis heute – und nach einem fast 60 Jahre dauernden Rechtsstreit (begonnen 1921) gegen den Staat – verlangen die Lakota die Rückgabe des Gebiets. Die ihnen 1980 zugesprochene Entschädigungssumme in Höhe von 105 Millionen US-Dollar liegt unangetastet auf einem Bankkonto und ist mittlerweile (Stand 2007) durch Zins und Zinseszins auf weit über 750 Millionen US-Dollar angewachsen.

Als besonders negativ wird von den Lakota gewertet, dass sich in ihrem heiligen Gebiet, in der Region der Black Hills, das Mount Rushmore National Memorial befindet: die bekannten vier riesigen Präsidentenköpfe (Washington, Jefferson, Roosevelt und Lincoln) in Stein geschlagen, die zu einer Touristenattraktion wurden. Jedes Porträt ist 18 Meter hoch. Auch das Crazy Horse Memorial, das etwa vierzehn Kilometer

EINE EINZIGARTIGE REGION

Heute gibt es in den Black Hills viele Wild West Tourist Traps und – von den künstlichen Monumenten abgesehen – wunderschöne, einzigartige Landschaften. Zum Beispiel die sogenannten Needles – pfeilerartige Granitfelsen, die mit etwa zehn Kilometern Länge weltweit die längsten Steine aus einem Stück sind, die am tiefsten in die Erde ragen; zugleich bilden sie mit über zweitausend Metern über dem Meeresspiegel auch den höchsten Berg der Black Hills.

entfernt entsteht, noch in Arbeit ist und die Indianer –
allen voran Crazy Horse – würdigen soll, findet bei den
Lakota kaum Zustimmung. Selbst wenn es eines Tages
– nach letztlich wohl knapp zweihundertjähriger Bau-
zeit, begonnen wurde es 1948 – die Präsidentenköpfe
klein erscheinen lassen wird: Alle vier Präsidenten werden nach der Fertigstellung des Crazy Horse Memori-
als allein in den Kopf von Crazy Horse „passen". Mit
195 Metern Höhe und 171 Metern Länge wird es größer und höher sein als der Kölner Dom. Für die Lakota
allerdings sind beide Monumente – Rushmore Memorial und Crazy Horse Memorial – eine Entweihung der
ihnen heiligen Black Hills.

DIE KULTUR DER ZEREMONIALPFEIFEN

Eine Zeremonialpfeife ist keine „Friedenspfeife", wie wir glauben und wie wir es aus Karl Mays romantisch-verklärten Indianergeschichten kennen. Der Kult der Zeremonialpfeifen ist der Lakota-Überlieferung nach bereits so alt wie die Menschheit. Im Grunde sind die Pfeifen spirituelle Gegenstände, die nach ihrer Weihe Leben in sich haben.

Zwar gab es Zeremonien, in denen man einen Friedensschluss mit der Pfeife bekräftigte. Denn man ging davon aus, dass durch dieses Ritual niemand es wagen würde zu lügen; täte er es doch, würde es ihm schlecht ergehen – wie eben dem weißen Mann heute, nachdem er die Indianer betrogen hat.

An dieser Stelle sei daran erinnert, dass der Kult der Zeremonialpfeifen nichts mit dem Genuss (oder Missbrauch) von Nikotin zu tun hat. Geraucht wird eine bestimmte Rindenmischung. Der Pfeifenrauch wird nicht inhaliert, trägt vielmehr die Gebete in den Himmel zu Gott, damit er sie erhören kann. Früher sollen Zeremonialpfeifen keinen Stiel gehabt haben – man rauchte direkt am Pfeifenkopf.

Pfeifen von Vätern haben eine Verlängerung am Pfeifenkopf, Pfeifen von Frauen oder Männern ohne Familie nicht. Meine beiden Pfeifen waren die von Vätern. Dabei ist die eine bestimmt nicht „meine", es handelt sich vielmehr um eine Stammespfeife, zu der ich und möglicherweise andere Lakota in Verbindung stehen. Man könnte mit einem Augenzwinkern sagen, dass eher die Pfeife mich besitzt als dass ich sie „habe". Sie ist wie ein alter Freund, von dem ich viel lernen durfte – und vor dem ich zuweilen Ehrfurcht empfinde.

DIE SYMBOLKRAFT DER ZEREMONIALPFEIFEN

Der Pfeifenkopf mit der Glut symbolisiert die Erde, das Feuer, den Fels; der Stiel (der aus Esche gefertigt wird) steht für die Pflanzen, das Rückgrat – und damit das Leben. Es ist Fakt, dass unsere DNA, unser Baukasten des Lebens, die Form des Stiels dieser 35.000 Jahre alten Pfeife hat, mit der Gott die menschliche Welt erschuf (und zwar inklusive der dazugehörigen Vergangenheit). Nun sind die Pfeifenstiele meist aus Holz, und zumindest Holz würde eine so lange Zeit bis heute kaum überdauern. So liegt die Vermutung nahe, dass bei den heute noch vorhandenen uralten Pfeifen die Stiele immer wieder erneuert wurden. Sicher ist, dass es zu Pfeifen je nach Anlass mehrere Stiele geben kann.

Fast alle Pfeifenköpfe der rituellen Pfeifen der Lakota, die übrigens nur durch eine Weihung eines heiligen Mannes „funktionieren" (so wie bei uns beispielsweise Bibeln geweiht werden), haben einen roten Kopf, der aus dem Felsen in der Nähe von Minneapolis stammt. Nach der Überlieferung besteht dieser rote Felsen bei Minnesota (Pipestone Mountain) aus dem Blut und den Gebeinen der Lakota, die bei der großen Flut starben. In jedem Pfeifenkopf und jedem Gebet mit einer Pfeife fühlen sich die Lakota daher über diesen Stein mit allen Ahnen verbunden. Allein schon diese Geschichte, die in eine sehr lange Vorzeit zurückreicht, zeigt, wie alt das

archäologisch bislang nicht exakt zu datierende Pfei-
fenritual und das Volk der Lakota wohl sind. Manche
Pfeifenköpfe allerdings bestehen aus einem schwarzen
Stein; sie werden vor allem von Heyoka benutzt.

DIE LEGENDE DER BÜFFELKALBPFEIFE

Der Name dieser Zeremonialpfeife (sie ist bei den Lakota
die heiligste) kommt daher, weil sie aus dem Beinkno-
chen des Vorderlaufs eines weißen Büffelkalbs gefertigt
wurde. In der Sprache der Lakota heißt sie Chanunpa
Wakan. Gott, Wakan Tanka, schickte seine Tochter
Whope, die Göttin des Spiels, des Wissens und der Liebe,
mit der Büffelkalbpfeife zu den Lakota. Noch einen zweiten Grund gibt es für den Namen der Büffelkalbpfeife:
Whope soll erschienen sein, weil die Bisons verschwunden waren und es den Lakota nicht nur an Nahrung
mangelte, sondern auch an Leder (für die Behausung und
Bekleidung) und Sehnen (für Bogen und als Schnüre).
Die White Buffalo Calf Woman verwandelte sich, als sie
nach einigen Tagen, in denen sie den Lakota ihre sieben
Zeremonien lehrte, wieder wegging, in ein weißes Büffelkalb. Und die Bisons kamen zurück – die Lakota nennen sich deshalb auch „Büffelnation". Die Büffelkalbfrau
sagte voraus, kurz vor der Zeitenwende, bevor sie wieder-
käme, würden mehr und mehr weiße Büffelkälber geboren. Seit 1994 – so berichtet Arvol, der derzeitige Hüter
der Chanunpa Wakan – sei das eingetreten. Tatsache ist,
dass das erste weiße Büffelkalb der heutigen Zeit Miracle
(„Wunder") heißt. Die Weiße Büffelkalbfrau sagte, dies
sei ein Segen, denn weiße Büffel gelten als heilige Tiere;

zugleich aber sei es eine Warnung. Ein Hinweis darauf, dass wir vor großen Änderungen, ja einer Zeitenwende stehen.

CONJURE PIPE: DIE LEGENDE DER SCHWARZEN PFEIFE

Als die Lakota die Wind Cave in den Black Hills verließen, sollen sie bereits eine andere Zeremonialpfeife gehabt bzw. in diesem Moment erhalten haben. Diese schwarze Conjure Pipe ist damit viel älter als die roten, sie ist die älteste aller Pfeifen. Und sie hat mit der Erschaffung der Welt zu tun – sowohl mythologisch als auch konkret: Mit der Conjure Pipe wurde gebetet, und diese Gebete führten zur Ausgestaltung der Realität, sie erschufen praktisch die materielle Welt inklusive ihrer Vergangenheit. Die ersten 15.000 Jahre lang waren die Lakota in der spirituellen Welt, in der es nicht einfach war. Das englische Wort conjure bedeutet ja soviel wie heraufbeschwören, (er)wecken. Die Conjure Pipe wäre damit der älteste kulturell ausgereifte und religiöse „Gegenstand" der Welt. Die schwarze Conjure Pipe steht unter anderem für die Lehren der Heyoka. Es macht ihren besonderen Charme im Gegensatz zur Büffelkalbpfeife aus, dass sie und damit die Lehre der Heyoka wesentlich älter ist – weitaus mehr als „nur" neunzehn Generationen: Nach Aussage der Geheimnisträger, die mir die Erlaubnis zum Bericht erteilt haben, ist sie 35.000 Jahre alt. Die Conjure Pipe hält symbolisch das Negative im Zaum und ist so in mancher Hinsicht eher das Gegenteil einer „Friedenspfeife", in manchen Fällen ist sie eher eine „Kriegspfeife". Nur dadurch, dass Crazy Horse 1988 die Adlerfeder in die Mitte der Pfeife hängte, schloss er symbolisch Frieden. Wegen seiner Ermordung kam es nicht mehr zum Friedensschluss. Doch: Immer wenn eine Adlerfeder in der Mitte einer Pfeife hängt, ist das ein Friedenssymbol.

Ich bin mir sicher, dass auch die schwarze Conjure Pipe direkt von Gott (bei den Lakota Wakan Tanka) zu uns kam. Die schwarzen Pfeifenköpfe werden, wie die roten, aus einem einmaligen Stein geschnitten. Der schwarze Fels ist ungleich kleiner als der rote und befindet sich in der Nähe des kleinen Dorfes Corn Creek, in dem Archie Fire Lame Deer übrigens seine Kindheit verbrachte. Warum und wie dieser Stein dorthin kam, ist nach meinem Wissen nicht bekannt.

DIE CONJURE PIPE UND IHR HÜTER/VERTRETER

Um diese Pfeife, die lange Zeit sozusagen „herrenlos" war, ranken sich viele Erzählungen. Archie nannte sie Conjure Pipe und berichtete, dass manche Indianer den Raum verließen, wenn Lame Deer sie auspackte, aus Angst vor ihrer Wirkung. Einige Freunde machten sich nichts daraus und hatten die Conjure Pipe bereits für ein Ritual von Archie bekommen; sie fühlten sich dabei in keiner Weise beeinträchtigt oder eben „gerufen". Manche sprechen von einer Pfeife Gottes, andere von der Pfeife der Verdammnis; andere machen solch ein Geheimnis daraus, dass sie gar nicht sagen, dass es sie überhaupt gibt. Die überwiegende Mehrheit hat wohl –

keine Ahnung. Woran ich mich jedoch erinnere, aber das kam mir erst später wieder ins Gedächtnis: Archie Fire Lame Deer packte diese schwarze Pfeife bereits 1988 bei seinem Besuch in Deutschland (in der „Biologischen Insel") kurz aus, zeigte sie dem Publikum und meinte: „One day somebody will recognize this pipe." – „Eines Tages wird jemand diese Pfeife erkennen." Und so kam es auch.

DIE ADLERFEDERN UND IHRE BEDEUTUNG

DIE ADLERFEDERN UND IHRE BEDEUTUNG

Adlerfedern haben eine ganz besondere Bedeutung bei den Lakota. Gesegnete Adlerfedern sind heilige Objekte, sie gelten als „lebendig". Sie werden als Auszeichnungen vergeben, man gebraucht sie außerdem zum Heilen. Nur bis ein Adler vier Jahre alt ist, nimmt man seine Federn, danach nicht mehr. Er zeigt ein Muster, ist gefleckt – spotted. Nach Lakota-Überlieferung gewann man die Federn früher so: Der Medizinmann betete und wartete, bis ein Adler kam und sich zu ihm setzte. Dann fasteten beide, sozusagen um die Wette. Wenn der Adler starb, dann konnte sich der Medizinmann diese dann heiligen Federn nehmen. Gewann aber der Adler ...

Die Bedeutung des Adlers und seiner Federn für die Lakota zeigt sich darin, dass es beispielsweise den „Adlerträumer" gibt – einen Menschen also, der seine Visionen und Ratschläge von Adlergeistern bekommt.

CRAZY HORSE TRUG KEINE FEDERKRONE

Crazy Horse übrigens hat nur zwei Federn getragen, im Gegensatz zu dem in der Regel größeren Federschmuck der meisten Häuptlinge: eine für die Schlachten, die mittels einer Öse im Haar rechts am Hinterkopf hing. Sie symbolisierte den Adler, der im Sturzflug angreift. Die zweite Feder steckte aufrecht im Haar, wenn er – sozusagen „privat" – im Dorf war.

Der Adler ist das Tier, das am höchsten fliegt und ohne zu Blinzeln in die Sonne schauen kann.

Ernie LaPointe berichtete während der Lesung in Mannheim, wie er aus dem Vietnamkrieg zurückkam und dann eine Adlerfeder erhielt, deren Kiel zu einer Öse geformt war, damit er sie ins Haar hängen konnte. Dies sei, so sagte er, die siebte Stufe der Ehrbezeugungen für Krieger und werde nur einem Mann zuteil, der schon einen Mann getötet hat.

WIE ICH MEINE BEIDEN ADLERFEDERN ERHIELT

Archie Fire Lame Deer gab mir die erste meiner gesegneten Adlerfedern 1988 in Deutschland nach den Tagen in der „Biologischen Insel", bevor er mich nach Süd-Dakota zum Sonnentanz der Lakota einlud. „Don't forget your feather", meinte er, und sie lag dann während der Zeremonie auf dem Altar, von Anfang an mit einer Öse oder Schlaufe vorbereitet. Dass sie schon alt war oder zumindest nicht neu, war mir zwar aufgefallen, aber ich dachte mir nichts dabei. Erst später, als ich Ernie LaPointe traf, wurde mir noch mehr bewusst, dass diese Feder wohl die von Crazy Horse selbst ist. Sicher ist, dass sie bei dem Ereignis 1988 dabei war. Diese Adlerfeder hat mich zutiefst berührt, die verbundene Bitte, ja Aufgabe kann man nicht einfach ablehnen.

In meinem persönlichen Fall, der schwarzen Pfeife und der Adlerfeder, ist die ansonsten gepflegte absolute Geheimhaltung etwas anderes. Hier gehören die Adlerfedern zum communicator, also zu den Informationen, die ich weitergebe und ohne die ich meine Aufgabe nicht ganz erfüllen könnte. Die Verantwortung dafür trage ich allein. Nur schon die für mich unbestreitbare Tatsache, dass mich diese Aufgabe „traf", dass Archie Fire Lame Deer mich mehrfach communicator nannte, zeigt den Wert und die Bedeutung meiner beiden Adlerfedern. Meine zweite Adlerfeder erhielt ich 1999 nach dem europäischen Pfeifenträgertreffen der Lakota in Süd-Frankreich, als an mich die Frage herangetragen wurde, ob ich eine Idee hätte, wie wir mit dem Umweltproblem auf der Welt umgehen könnten. Daraus ist letztendlich ein großer Teil meiner Arbeit und nun dieses Buch entstanden, und das mit dem Segen der Lakota.

DER SONNENTANZ – DAMALS UND HEUTE

Der Sonnentanz (Wiwang Wacipi) gehört zu den sieben Riten, die von der Weißen Büffelkalbfrau Ptesan Win vor vielen Jahrhunderten direkt von Gott überbracht wurden. Damit sollten die Lakota in die Lage versetzt werden, mit der Geistwelt Kontakt aufzunehmen und Hilfe zu erlangen. Dazu berufene Lakota (die Teilnahme ist immer freiwillig!) singen, beten und tanzen vier Tage lang ohne Essen und Trinken in einer Formation um den Sonnentanzbaum. Elmer Running sagte treffend: „You need a good reason to sundance." – „Man braucht einen guten Grund für den Sonnentanz."

Aus dieser für Weiße unverständlichen Zeremonie hat sich wohl unter anderem die Mär um Marterpfähle gebildet, an denen beispielsweise in Karl Mays Geschichten „böse Weiße" gefoltert wurden. Es gibt zwar bei anderen Stämmen solche Totempfähle, doch sie dienten nicht zum Martern. Am Sonnentanzbaum wird nur einmal im Jahr „gemartert" – bei der höchsten Zeremonie der Lakota. Aber die Tänzer martern sich selbst, nicht andere.

DURCH LEIDEN LERNEN

Üblicherweise sind die Mitwirkenden beim Sonnentanz Männer. Bei einem rituellen Piercing werden durch deren Brust-, Rücken- oder Armmuskulatur zwei bis drei Zentimeter lange Löcher gebohrt. Man steckt kleine Holzstäbchen (früher waren es auch Adlerkrallen) hindurch, die mit Schnüren verbunden sind. Diese wiederum hängen am heiligen Baum, der in der Mitte des Tanzplatzes (nach vorheriger entsprechender ritueller Auswahl und Fällung) aufgestellt wird. Dann tanzt sich der Sonnentänzer los, das heißt: Er tanzt und zieht dabei so lange an den Seilen, bis sein Fleisch aufreißt.

Der Sonnentanz hat vor allem spirituelle und soziale Hintergründe: Die Piercings sollen den Männern jene Schmerzen nahebringen, die Frauen während der Geburt eines Kindes erleiden. Die Idee dahinter ist jedoch vor allem, Leid auf sich zu laden, um es anderen zu nehmen. Durch das Überwinden der persönlichen Schmerzgrenze gelangt man in den geistigen Zustand, um Visionen zu empfangen. Diese können Antworten auf anstehende Probleme und Fragen enthalten. Zudem kann der Tanz zu Heilungen verhelfen oder er bringt Kraft für eine Schlacht. Manche Tänzer erbitten Energie und Mut für den Stamm. Ganz gewiss ist der Sonnentanz nicht dazu da, zur Sonne zu beten, wie die frühen Missionare dachten. Sondern er steht für die jährliche Erneuerung des Lebens, indem die Sonnentänzer sich und ihr Leid dafür dem Schöpfer geben. Das Ritual war und ist immer freiwillig; viele der Tänzer sind in Trance und verspüren die Schmerzen kaum mehr.

DAS VERBOT DES SONNENTANZES

Als weiße Beobachter und Missionare den Sonnentanz beobachteten, waren sie über die sogenannten Selbstverstümmelungen und -quälereien entsetzt und sorgten dafür, dass das Piercen 1881 verboten wurde. Heimlich führten die Lakota und andere Stämme den Tanz jedoch weiterhin durch. Im Jahr 1904 erließ die amerikanische Regierung dann ein komplettes Verbot des Sonnentanzes, dennoch blieb er erhalten, „offiziell" unter der Bezeichnung „Regentanz". Erst im Indian Reorganization Act von 1934 ist das Piercing-Verbot aufgehoben worden, und seit etwa 50 Jahren gehört der Sonnentanz – auch offiziell als Basis des neu erweckten indianischen Selbstbewusstseins – wieder zu den ausgeführten Ritualen. Nicht-Indianern ist die Teilnahme allerdings offiziell verboten – unter anderem auf Bestreben von Arvol Looking Horse, dem derzeitigen Hüter der Weißen Büffelkalbpfeife. Dieses Verbot, seit 1997 angestrebt, ist seit 2003 gültig. Allerdings hat Arvol nicht wirklich die Ordnungsgewalt, das so anzuordnen, die Lakota lehnen totale Hierarchien ab. Und es gilt hier wie in vielen Fällen: Wo ein Wille ist, da ist auch ein Weg. Und so gibt es also eine ganze Reihe weißer, z.B. europäischer Lakota, die den Sonnentanz trotzdem und mit dem Einverständnis von Medizinmännern ausführen ... Seit den 1970er-Jahren findet der jährliche größte Sonnentanz übrigens auf dem Platz der Familie von Leonard Crow Dog statt, dem spirituellen Führer der AIM (American Indian Movement).

DER LETZTE HISTORISCHE SONNENTANZ

In Freiheit gab es den Sonnentanz der Lakota zum letzten Mal im Jahr 1877, bevor sie in die endgültige Gefangennahme nach Fort Robinson gingen. Im Beaver Valley in Nebraska, dem Ort des letzten Sonnentanzes, steht der sogenannte Sepulcher Tree, der Baum, auf dem der Leichnam von Crazy Horse gemäß Lakota-Tradition kurz nach seinem Tod über Nacht aufgebahrt blieb. An dieser Stelle, in diesem schönen Tal in der Nähe der Stadt Chadron, waren damals etwa dreitausend Lakota versammelt; noch heute kann man dort die fünf großen, bemalten Steine sehen, die für die damals nur fünf Tänzer bereitgelegt wurden. Fünf Tänzer, die tanzten, um Crazy Horse, der im Grunde seines Herzens nur Krieger und Mensch war, die Kraft eines politischen Häuptlings in der Gefangenschaft zu geben. Wer ihn kannte, wusste, dass er für ein Leben in einem begrenzten Reservat kaum geschaffen war.

DIE SCHWITZHÜTTE

Ebenfalls zu den sieben heiligen Riten gehört die Schwitzhütte (Inipi), einerseits ein Ort, an dem man sich auf Zeremonien vorbereitet, andererseits selbst eine Zeremonie. Machen die Lakota beispielsweise einen Sonnentanz, wird dieser eröffnet mit einer Schwitzhütte und wieder so beendet. Das Lakota-Wort Inipi bedeutet nichts anderes als „sie schwitzen". Auch die Schwitzhütte besteht bei den Lakota im Wesentlichen aus den vier Elementen: Wasser, Feuer, Erde und Luft. Im Grunde besteht ja alles aus diesen vier Elementen; im Falle der Zeremonie der Indianer kommen das Gebet, der Gesang (Olowanpi) des Medizinmannes und derer, die in der Hütte sind, hinzu.

Die Hütte ist ein Abbild des Universums im Kleinen. Das Feuer steht für die Sonne, die Hütte selbst für die Erde, die durch die Sonne Energie erhält. Mit der Erde aus dem Loch für die Steine wird ein kleiner, platter Hügel rechts vor der Luke/Tür der Hütte geformt, der den Mond symbolisiert und auch als kleiner „Altar" dient. Die Steine, die im Feuer liegen, nennen die Lakota übrigens „Samen von Großvater Sonne". Die ersten Schwitzhütten in Europa fanden vermutlich 1982 und 1983 im Zuge der Schamanismus-Konferenzen in Alpbach/Tirol statt.

DER BAU DER SCHWITZHÜTTE

Traditionell wird die Hütte in einem rituellen Vorgang aus Weidenästen gefertigt. Man steckt die Stäbe in vorbereitete Löcher, ordnet sie in Bögen an und verbindet sie kuppelförmig mit vier Ringen miteinander. In der Mitte der Hütte gräbt man ein Loch für die heißen Steine, die ausgehobene Erde wird wie gesagt zum „Heiligen Hügel" bzw. Altar aufgehäuft, und zwar neben dem Eingang der Schwitzhütte (auf dem Weg zur Feuerstelle). Das Gerüst wird dann zum Gebrauch mit Fellen oder Decken abgedeckt. Der gesamte Bau unterliegt strengen Regeln. Es muss etwa die Himmelsrichtung für den Eingang beachtet werden: Bei den Lakota befindet sie sich im Westen, lediglich seltene Heyoka-Hütten haben die Tür nach Osten. Auch die Anzahl der Holzstäbe ist von großer Wichtigkeit: Eine Familienhütte besteht aus zwölf Stäben, für Heilungsrituale von Medizinmännern verwendet man dagegen sechzehn Stäbe. Jeder Teil der Schwitzhütte hat eine ganz besondere Bedeutung. Der sechzehnte Platz in einer Lakota-Schwitzhütte, an dem der Medizinmann sitzt und der symbolisch für Gott steht, heißt beispielsweise Whirlwind – Wirbelwind. Das Holz wird auf bestimmte Weise aufgeschichtet, die im Feuer liegenden Steine beginnen nach einiger Zeit zu glühen.

DIE AUFGABE DES FEUERHÜTERS

Der Feuermann (auch Feuerhüter genannt, auf Lakota Preta Wicasa) ist der zweite Zeremonienmeister beim Ritual der Schwitzhütte. Er ist verantwortlich für das Aufschichten des Holzes, er entzündet den Holzstapel und unterhält das Feuer während der Zeremonie. Außerdem trägt er die Steine aus der Feuerstelle, in der sie erhitzt werden, nach zeremoniellen Regeln in die

Schwitzhütte. Der Medizinmann begießt sie dann in der geschlossenen Hütte mit Wasser und bestreut sie meistens mit Zeder oder Kräutern. Für ein Reinigungsritual wird eine bestimmte Anzahl Steine benutzt, immer durch die Zahl Vier teilbar, von vierundzwanzig bis hundertachtundzwanzig. Meist verwendet man zweiunddreißig oder achtundvierzig und für ein Heilungsritual mindestens vierundsechzig Steine.

DIE ZEREMONIE IN DER SCHWITZHÜTTE

Das heilige Ritual beginnt bereits mit der Vorbereitung: Holz sammeln, die passenden Steine suchen (sie sollten „trocken", das heißt keine Flusssteine sein, damit sie in der Hitze nicht reißen), die Hütte abdecken und verschließen. Der Feuerplatz muss vorbereitet und

INNERE UND ÄUSSERE REINIGUNG

Während der einzelnen „Runden" soll die Schwitzhütte nicht verlassen werden. Die Hütte symbolisiert nach der Überlieferung auch eine Schwangerschaft – und bei der kann man ja ebenfalls nicht einfach eine „Pause" einlegen. Der Mensch wird in der Zeremonie nach der inneren, aber auch äußeren Reinigung durch Schwitzen und Gebete sozusagen „wiedergeboren". Nach der Rückkehr in den Bauch von Mutter Erde (die Hütte steht als Symbol für die Erde) folgt durch die im Ritual aufgerufenen Energien die Erneuerung und Neuschöpfung der Lebensenergie jedes Teilnehmers.

das Holz fachgerecht aufgeschichtet werden, damit es möglichst optimal brennt. Trommeln, Gesang und Gebete begleiten dann das Entzünden der Flammen. Erst wenn die Steine im Feuer glühen, beginnt das eigentliche Ritual. Was in einer Schwitzhütte passiert, bleibt grundsätzlich tabu. Es gibt neben individuellen Liedern und Anweisungen der Medizinmänner auch stammesweit geltende rituelle Regeln und Lieder für die Durchführung der Schwitzhütte. Die singt dann jeder, der die Legitimation erhalten hat, eine Schwitzhütte leiten zu dürfen (dies geschieht durch den Segen eines Medizinmannes). In der Schwitzhütte ist man nicht, wie manche fälschlicherweise annehmen, nackt, sondern bedeckt sich mit leichter Baumwollkleidung (Shorts oder Ähnlichem, die Frauen in leichten Baumwollkleidern). Gegenstände, die gesegnet werden sollen, werden auf den Altar gelegt.

Das Ritual in der Hütte beginnt mit der Einladung an Ahnen und Geister – sie unterstützen die Zeremonie mit ihrer Energie. Beim Beginn der Schwitzhütte kommen, so sagen die Lakota, zunächst die negativen Geister in die Hütte. Ein Wicasa Wakan, ein heiliger Mann, kann sie sehen. Nachdem er dann die Schwitzhütte mit Salbeirauch und anderen Kräutern und rituellen Handlungen gereinigt hat, kommen die positiven Geister herein und die negativen gehen hinaus. Nach dem Lakota-Weg folgen dann vier Runden, die sich mit vier Themen befassen:

▸ Dem Dank – für alles, was einem widerfahren ist, für alle Erfahrungen, die man gemacht hat, für alle Lehren, die man empfangen hat.

▸ Der Bitte – um Energie, um Ideen, um Einsicht.

▸ Der Gabe – all das, was der Einzelne verschenken möchte, etwa Liebe, Wissen, Kraft; aber auch alles, was man loslassen will, etwa negative Gedanken oder schlechte Angewohnheiten.

▸ Der Vision – eine „stille Zeit", die dem Einzelnen Eingebungen und Erkenntnisse beschert.

Man bittet im Allgemeinen nicht für sich selbst, das ist verpönt, sogar verboten. In Archie Fire Lame Deers Schwitzhütten habe ich viele Jahre kaum einmal nur eine Silbe für mich selbst gebetet, und ich bin sicher, die anderen handelten genauso. Nach elf Jahren – ich war ab 1988 in der Schwitzhütte, also 1999 – kam das erste Mal von Archie der Hinweis, die Anwesenden könnten jetzt etwas für sich bitten, eine Heilung in Bezug auf irgendein persönliches Problem.

GEISTWESEN UND DÄMONEN

In der Schwitzhütte gibt es für die Geistwesen jeweils bestimmte Plätze. Diese sind genau festgelegt, und wenn man die Schwitzhütte für die Zeremonie betritt, ergibt es sich sozusagen „von selbst", wer sich wo niederlässt. An der Spitze steht Wakan Tanka, das „Große Geheimnis"; die Lakota nennen ihn auch Tunkashila: „Großvater-Geist". Wakan Tanka erschuf die Heiligen Wesen (Wakanpi), die „Sechzehn großen Geheimnisse" – sie sind alle verschiedene Aspekte von Wakan Tanka selbst. Auch hier wieder: Alles ist eines, eines ist alles. Nach den „Sechzehn Geheimnissen" ist die Schwitzhütte folgendermaßen aufgeteilt (stellen Sie sich einen Kreis vor, die Plätze beginnen im Westen und werden dann im Uhrzeigersinn gezählt):

▸ Oben (auf der „Zwölf", wenn Sie sich eine Uhr vorstellen) ist der Osten mit der Farbe Gelb.
▸ Unten der Westen mit der Farbe Schwarz.
▸ Links der Norden mit der Farbe Rot.
▸ Rechts der Süden mit der Farbe Weiß.
▸ Auf Platz Eins steht die Sonne (Wi), gefolgt von der Bewegung (Skan), dann die Erde (Maka), der Fels (Inyan), der Mond (Hanhepi Wi), der Wind (Thaté), der Streit (Unk), der Geflügelte/Donner (Wakinyan), der Büffel (Tatanka), der Bär (Tob Tob), der „Vier-Himmelsrichtungen-Wind" (Wani), die Meeresgöttin (Jumni-Wa), der Geist (Nija), der Totengeist (Nagi), der Intellekt (Sitschun) und schließlich auf Platz 16 der Wirbelwind (Yumni).

Alle diese Geistwesen haben ihre spezielle Bedeutung im Ritual, in der Zeremonie – und im Alltagsleben der Lakota. Und natürlich auch in den Visionen.

Dämonen dagegen – die, so denke ich, sind eher „hausgemacht". Ich will das verdeutlichen: Es handelt sich bei Dämonen um eine Projektion eigener negativer Gedanken. Wenn man etwa mit wenig selbstlosen Absichten zu intensiv um etwas betet oder auf etwas hin meditiert. Oder wenn man sich – jeder kennt das wohl – vor einem bestimmen Menschen, einer Situation oder einer Aufgabe fürchtet, und zwar so sehr fürchtet, dass man regelrechte Angstzustände bekommt und sich von diesen nicht mehr befreien kann.

Diese Bilder sind dann im Kopf, sie zeigen unter Umständen sogar die Gesichtszüge bestimmter Personen (und zwar von Menschen, die einem eben persönlich bekannt sind). Die Vorstellungen entwickeln ein regelrechtes Eigenleben. Findet man keinen Frieden bzw. löst sie nicht auf, machen sie mit einem, was sie wollen. Und das sicher nicht zum Positiven. Spirituell und persönlichkeitsentwickelnd habe ich irgendwann den Eindruck gewonnen, dass wir aus solchen Bildern etwas lernen können. Sie spiegeln ja das eigene Negative, den eigenen Schwachpunkt, das eigene Ego. Wenn man das weiß und annimmt, kann man damit umgehen.

WAS HOLLYWOOD DARAUS GEMACHT HAT

Nach der Welle der Wildwestfilme, in denen die Indianer stets die „Bösen" und „Wilden" waren, die Cowboys dagegen die „Guten", hat sich die Filmindustrie auf die Perspektive der Indianer besonnen. Sicher auch, weil der „edle Wilde" besser ins Bild passte als die ewigen Wildwest-Revolver-Duelle.

▸ „Der mit dem Wolf tanzt" (1990) mit Kevin Costner ist zwar ein sehr schöner Film, verrät aber gar nichts über die Spiritualität der Lakota.
▸ In „Der Mann, den sie Pferd nannten" (1970) mit Richard Harris sieht man anfangs eine Barbarei der Indianer, die so nicht stimmt. Das löst sich wenigstens im Laufe des Films auf. Die gezeigte Schwitzhütte ist etwas unrealistisch, denn in einer Schwitzhütte ist es stockdunkel und nicht lichtdurchlässig wie im Film, und die gezeigten tranceartigen Zustände sind

filmisch verklärt. Auch hat in einer Schwitzhütte selten jemand eine Vision, dort kommen Antworten auf andere Weise. Der gezeigte „Sonnenschwur" geschieht in diesem Film nach den Riten der Mandan in einer Sonnentanzhütte, während die Lakota das Ritual nie in einer Hütte durchführten. Dafür stimmt ungefähr das sogenannte Piercing, das „Fleischopfer".

- In der „Rückkehr des Mannes, den sie Pferd nannten" (1976), ebenfalls mit Richard Harris, sieht man hingegen einen Lakota-Sonnentanz, der der Realität entspricht.

- In „Thunderheart" (1992, deutsch „Halbblut") mit Val Kilmer sind Geistertanz-Szenen dargestellt; die Zeitsprünge und Fähigkeiten von Medizinmännern sowie aktuelle Probleme in der Reservation sind sehr treffend. Außerdem sieht man, für den Außenstehenden nicht explizit erklärt, einen sogenannten Gestaltwandel. Dabei nimmt ein vom FBI gejagter Krieger auf der Flucht die Gestalt seines „Hilfs-Tiergeistes" an, einer Antilope, und entkommt dadurch.

„DIE WELT IST DAS, WAS DU SIEHST" – GOTT IST ÜBERALL

Die Lakota haben einen anderen Blick in den Himmel als wir. Schaut man an den Himmel, wie wir ihn von der Erde aus sehen, „greift" man bei den Indianern nicht wie bei uns zu den Sternen; deshalb wird man nicht enttäuscht, wenn man beim „Grapschen nach den Sternen" merkt, dass es sich nur um Staub handelt. Egal, wie weit wir mit stets verbesserten Fernrohren schauen, ein Ende ist nicht in Sicht, es ist nicht vorstellbar. Oder aber man akzeptiert einfach das Ende, den Rand unserer Welt, so wie Gott sie uns präsentiert hat.

Viele Menschen wissen, intuitiv oder aus persönlichen Evidenzen, dass es Gott gibt. Wir „wissen" dies nicht mehr oder weniger sicher als Fakten des täglichen Lebens und der Physik. Auch die können wir im Normalfall nicht nachvollziehen, wir müssen einfach glauben, was uns Wissenschaftler berichten, und oft gibt es Widersprüche.

GOTTESBEWEISE SIND NICHT NÖTIG

Warum also nicht einfach glauben, dass das Wissen der Lakota (oder ein anderer Glaube in einer der vielen Kulturen auf der Welt) genauso eine Tatsache ist wie naturwissenschaftliche „Beweise"? Wenn wir Gott suchen, müssen wir einfach nur aus dem Fenster schauen. Er ist da, so wie wir in unserem Körper sind. Unseren Geist, unsere Seele spüren wir doch, das sind wir. Unser Körper besteht aus Milliarden von Zellen, unsere

Seele hält alles für dieses Leben zusammen. Gott muss uns nicht ständig „beweisen", dass es ihn gibt. Hin und wieder tut er es – das zeigen etwa die Schriften der Bibel: Beim Propheten Ezechiel kam Gott auf einem Streitwagen; bei Jeremias in persona; zu Abraham als „Stimme aus dem Off", zu Moses durch einen brennenden Dornbusch.

WAKAN TANKA – DER „GROSSE GEIST"

Bei den Lakota ist Gott Wakan Tanka, der Große Geist. Archie Fire Lame Deer hat Gott konkret so gesehen: als einen Mann, dessen Haare Bäume waren, aus dessen Mund Flüsse quollen. Archie sagte: „He is in the air." – „Gott wohnt in der Luft." Nachdem alle Menschen, alle Tiere und alle Pflanzen zu allen Zeiten dieselbe Luft geatmet haben, sei es so einfach und doch so wichtig, dies zu verstehen.

In seiner Urform ist er nach einer indianischen Vision ein aufrechter, elliptischer Lichtkegel, der reine Geist. Die „Ränder" sind fließend, so wie beim Licht einer Leuchte.

Lakota beten zu Gott, der bei ihnen eben Wakan Tanka heißt, oder auch Tunkashila – Großvater –, dasselbe Wort wie „Stein". Sie beten nicht, wie fälschlicherweise oft zu lesen ist, zu Tieren. Allerdings sind sie sehr wohl in der Lage, Tiergeister zu rufen, beispielsweise für Heilungen. Das ist jedoch nicht das Gleiche wie Anbeten. Es ist außerdem eher so, dass diese Tiergeister freundlicherweise kommen, man kann es ihnen nicht „befehlen".

DER MENSCH – EINE EINMALIGE SCHÖPFUNG

Die Lakota glauben, dass die Seele – die aus Gott kommt – vor der Geburt um die Welt fliegt und alle möglichen Aspekte von bereits Verstorbenen aufsammelt; nach der Geburt geht man im Leben dann stückweise deren Weg weiter. Nur wenn ein Kind stirbt, ist dies nicht im großen Plan vorgesehen, deshalb wird die Seele des Kindes alsbald wiedergeboren. Weil so viele Aspekte zusammenkommen, „aufgesammelt" werden, sind wir alle eins: Wie Schwarmintelligenzen haben wir ein kollektives Un- und Überwusstes. Gott ist der Geist des Ganzen.

Der alte John Fire Lame Deer beschreibt in seinem Buch (siehe Literaturliste im Anhang), wie ihm als junger Mann bei einer Visionssuche (Hanbleceya – einer der sieben heiligen Riten der Lakota) der historische Lame Deer aus der Zeit General Custers erschien und ihm sagte: „Du bist jetzt ich, und ich bin jetzt du." Trotzdem sprach Lame Deer nie davon, er sei dessen Reinkarnation. Die Lakota begreifen sich als einmalige Schöpfung, als Mensch, der nur eine Chance hat, ein gutes Leben zu führen. Vielleicht ist die buddhistische Idee der Reinkarnation richtig, aber ich meine, dass das im Grunde gleichgültig ist. Es läuft auf dasselbe hinaus: Es geht darum, ein guter Mensch zu sein.

„CONTRARIES": „GEGENSPIELER" – NICHT BÖSE, SONDERN „ANDERS"

In großen Religionen gibt es oft, genauso widersprüchlich wie die Welt selbst, einen Gegenspieler. Das Prinzip des Contrary ist nicht, wie man meinen könnte, der „Böse" im Gegensatz zum „Guten". Sondern der Contrary verkörpert „das Andere". Im Glauben der Lakota ist solch ein Gegenspieler ebenfalls vorhanden – sowohl als Person (dazu gleich mehr) wie auch als energetische Kraft. Bei ihnen steht die damit verbundene Energie eng in einer Beziehung zum Wetter. Kontra – das wäre in Bezug auf das Wetter etwa der Regen im Gegensatz zur Sonne. Kontra ist auch der Mond, den die Lakota „Nachtsonne" nennen, im Gegensatz zur „Tagsonne".

HINDU-TRADITION UND LAKOTA-GLAUBE

Nur auf den ersten Blick ist der Hinduismus eine Religion mit vielen Göttern. Religionswissenschaftler jedoch stellen klar heraus, dass alle Hindu-Götter im Grunde eines sind, nämlich der Ausdruck eines einzigen höchsten Gottes (oder einer Weltseele). Man kann das durchaus mit den Lakota vergleichen: Es gibt Wakan Tanka und eine Reihe von Geistwesen, die aber – wie bei den Hindus – dem Prinzip eines einzigen Kosmos, einem geordneten Ganzen, einem Weltgesetz unterliegen, das eine natürliche und sittliche Ordnung vorgibt. Um es vereinfacht zu sagen: Die Hindus beten viele Götter an, aber im Grunde immer nur einen einzigen.

Shiva – einer der Hindu-Götter – gilt allgemein als „Zerstörer". Im westlichen Weltbild war das negativ besetzt. Man vergisst dabei jedoch, dass die wahre Rolle Shivas viel mehr beinhaltet: Er zerstört und er erhält die Welt. Seine Anhänger glauben: Solange Shiva tanzt, wird die Welt bestehen; tanzt er nicht mehr, geht sie unter. Da Shiva aber niemals aufhört mit seinem Tanz, kann die Welt nicht untergehen. So wie Shiva keinesfalls nur einsamer Asket ist, der in der inneren und äußeren Emigration lebt, sondern als Gegensatz eben durchaus auch Mitglied der „Heiligen Familie", so gibt es bei den Lakota als Gegenpart zum „Normalen" den Heyoka, den „heiligen Clown", der die Welt auf den Kopf stellt, der als Contrary für spirituelle Erneuerung sorgt.

HEYOKA, DIE „HEILIGEN CLOWNS"

Wie erwähnt, haben viele Religionen solch ein Contrary-Prinzip; aber nur selten gibt es dabei menschliche Vertreter, die dieses Prinzip auf Erden leben. So weit mir bekannt ist, war dies zum Beispiel bei den Kelten der Fall, auf deren Religion übrigens die alte Naturreligion der Roma fußt. Auch die Kelten kannten Contraries, und nicht nur das: Der bekannte Name Merlin soll – beispielsweise heute noch im Neo-Keltismus – im Grunde kein Name, sondern ein Titel gewesen sein; Merlins waren oft Contraries. In alten Naturreligionen gehört das Kontra, also „das Negative" oder besser: „das Zerstörende", unbedingt dazu; und noch eines kommt hinzu: So mancher Häuptling steuerte die Stämme in der Manier eines „Gegenspielers", der etwas beenden oder zerstören kann, etwas umkehrt oder Neues zum Wachsen bringt. Ein Häuptling ist meist nicht Heiler und Medizinmann. Aber er lenkt sein Volk, indem er ungute Entwicklungen stoppt und dem, was er für richtig hält, zum Durchbruch verhilft. Bei den Lakota nennt man einen solchen Gegenspieler Heyoka. Das spirituelle Kontra eines Heyoka steht für die Erneuerung, die Innovation, die Idee. Bei einer Person bezieht sich dies vor allem auf gesellschaftliche Abläufe im Alltag, auf Gewohnheiten und ihr Auftreten in der Öffentlichkeit.

WAS BEDEUTET „HEYOKA"?

Der Ethnologe John Plant beschreibt in seinen Untersuchungen den Begriff Heyoka mit „Clown". Die Lakota bezeichnen beispielsweise auch unsere europäischen Clowns mit diesem Wort. Im Unterschied aber zu diesen sind Heyoka nicht an eine „Vorstellung" (etwa im Zirkus oder Film) gebunden, sondern ihr Alltagsleben verläuft in bestimmten Phasen konträr.

Heyoka oder Contraries sind also Menschen, so schreibt Plant, „die sich einem außergewöhnlichen Lebensstil widmeten, bei dem sie das Gegenteil von dem ausführten, was andere gewöhnlich taten. Hierbei kehrten sie alle Konventionen ins Gegenteil."

Das bedeutet selbstverständlich nicht, dass Heyoka ständig Faxen machen. Konträr kann auch bedeuten, wenn ich etwa mich als Beispiel nehme, beruflich entgegen Konventionen zu arbeiten. Die Ökologie war zu

Beginn meines Arbeitslebens alles andere als „normal",
sie stand im Gegensatz zur allgemein üblichen Öko-
nomie.

Unter all der anthropologischen Literatur über die
Lakota und Naturreligionen ist über die Contraries am
wenigsten ausführlich und selten über die Natur der
Sache treffend geschrieben worden. Alles in allem aber
ist das Thema Heyoka so außerordentlich und schwie-
rig, dass ich mich lieber auf das beschränke, was ich mit
eigenen Augen gesehen und aus erster Hand erfahren
habe. Von Lame Deer, der selbst vier Jahre Heyoka war,
bevor er zum Medizinmann wurde. Auch von anderen,
die den Weg des Heyoka eingeschlagen hatten, und
durch persönliches Erleben.

DIE BERUFUNG ZUM HEYOKA

Ein Theologe, Ethnologe und Lakota-Experte berichtete
mir 1998, es gäbe nur eine einzige, ganz bestimmte, sich
bei den Betreffenden wiederholende Vision, mit der man
zum Heyoka werde. Er wisse dies, weil er diese Vision als
einziger ihm bekannter Weißer gehabt habe.

Nur ein echter Heyoka könne die richtige Vision
einem anderen Heyoka unter größter Geheimhaltung
bestätigen. Alle anderen seien einem Modetrend auf-
gesessen oder repräsentierten lediglich verschiedene
Verwandtschaftsgrade zum Heyoka. Er habe das so von
einem echten alten Heyoka in Süd-Dakota gelernt und
erfahren. Allerdings kenne ich einen Heyoka, der diese
eine Vision nicht hatte, weiß ist und trotzdem im Stamm
als Heyoka anerkannt ist. Genauso ist es mit mir: Auch

ich gelte als Heyoka. Es gibt sicherlich, genauso wie es
verschiedene Religionen gibt, eben auch unterschiedli-
che spirituelle Anweisungen. Jede für sich genommen
ist stimmig, oberflächlich gesehen aber mögen sie vielleicht nicht „zusammenpassen". Doch im Endeffekt führen sie alle zum selben Ziel.

EINE GEFÜRCHTETE MISSION

Heyoka sind ungleich seltener aufgetreten als Medizinmänner. Die Berufung zum Heyoka zu erhalten,
ist gefürchtet. Man kann sie aber nicht ausschlagen,
da man dafür mit dem Leben bezahlen würde. Damit
ist keineswegs gemeint, der Anwärter würde dann
umgebracht; vielmehr gehen die Lakota davon aus,
dass ein Mensch, der dem Ruf nicht folgt, alsbald von
einem Blitz getroffen oder anderweitig verunglücken
würde.

Die Berufung zum Heyoka erfolgt, wenn man in
einer Vision von Heyoka-Zeichen träumt, etwa einem
grauen Pferd oder Blitzen.

Heyoka ist man nicht unbedingt ein Leben lang,
sondern manchmal nur einige Jahre, in der Regel vier:
Archie Fire Lame Deer war es vier Jahre lang. Im Alltag
aber und vor allem bei den Zeremonien muss ein Heyoka in dieser Zeit seiner Bestimmung gemäß leben und
handeln. Heyoka gilt quasi als „ansteckend", und kaum
jemand strebt danach, davon berührt zu werden. Es ist
einerseits eine Ehre, andererseits wissen die Lakota, dass
es ein schwerer Weg ist, den man freiwillig nicht gerade
anstrebt.

PEINLICHE PRÜFUNGEN
AUF DEM WEG ZUR ERLEUCHTUNG

Der Heyoka muss durch „Fehler" oder eben das Lächerliche hindurchgehen. Als ob er durch eine „Schule des Lebens" muss, aus der er am Ende seiner Heyoka-Zeit spirituell gereift hervorgeht. Wie manche Mönche erst in völliger Abgeschiedenheit und Einsamkeit zur Erleuchtung finden, ist der Heyoka durch sein Anderssein und seine offensichtlichen Fehler ganz in sich zurückgezogen und findet, wenn es ihm gelingt, dadurch den Zugang zu höheren Einsichten – während er zugleich über einen individuellen, großen Zauber verfügt.

Oft muss der gerade berufene Heyoka als erste Prüfung etwas tun, das ihm besonders peinlich ist. Der große Medizinmann John Fire Lame Deer, als heiliger Mann bei über achtzig Stämmen anerkannt, musste als Heyoka in Frauenkleidern wie ein Transvestit hie und da bei Rodeos und Stammesfesten als Clown erscheinen und die Gäste zum Lachen bringen. Es kann alles Mögliche sein, was einem jungen Heyoka in seiner Vision aufgetragen wird; es wird auf alle Fälle etwas sein, das ihm hochnotpeinlich ist. Bringt man so etwas hinter sich, hat das eine befreiende Wirkung, man wird unabhängiger.

HEYOKA STOSSEN OFT AUF UNVERSTÄNDNIS

Heyoka symbolisiert man durchaus mit dem Sinnbild von „einem lachenden und einem weinenden Auge". Sie machten im Stamm die Späße und hatten doch meist ein schweres Leben, weil sie so anders waren.

Die individuelle Form der spirituellen Gabe, über die ein Heyoka verfügt, sorgt dafür, dass er vieles „systematisch verkehrt" macht. Es gehört zu den Anweisungen, die er aus seinem Traum oder seiner Vision erhält, bestimmte Dinge ganz bewusst anders als „normal" zu machen. Viele Heyoka gehen beispielsweise rückwärts in eine Schwitzhütte, manche spüren bei Kälte Hitze oder bei Hitze ist es ihnen kalt. Sie kleiden sich bei Zeremonien oft andersartig, malen sich etwa ganz schwarz-weiß an und tragen dazu rosafarbene Tupfen. Sie „stellen die Welt auf den Kopf", sie agieren bewusst „rückwärts", um im Grunde den Anstoß für ein neues „Vorwärts" zu geben. Lame Deer schreibt: „Wenn ein Heyoka kommt, dann geht er eigentlich, und wenn er geht, dann kommt er."

Vertreter der „normalen" Rituale fühlen sich durch das Wesen und Tun der Heyoka zuweilen verletzt und meinen, die Heyoka würden ihre Religion missachten, wenn sie zum Beispiel nur mal eben kurz beim Sonnentanz auftauchen oder sogar überhaupt nicht erscheinen,

WAKINYAN WAKAN – DONNERVOGEL UND DONNERWESEN

Die geistige Macht der Heyoka, die angerufen werden kann, heißt Wakinyan Wakan. Der „Donnervogel" und die Donnerwesen, mit der Gewalt von Blitz und Donner in den Augen, sind nach den Lehren der Lakota die zweitstärkste Macht im Universum. In der Schwitzhütte hat Wakinyan den achten Platz inne.

wenn sie sich nicht piercen (wobei das manche von ihnen durchaus tun), wenn sie rückwärts in die Schwitzhütte gehen oder in die Gegenrichtung tanzen.

In seinem Buch schreibt Archie Fire Lame Deer, dass der Heyoka Stanley Walking Crow 1990 zu ihm kam und sich beschwerte, er und alle Heyoka fühlten sich beim Sonnentanz nicht willkommen. Daraufhin lud Lame Deer ihn extra ein und hieß ihn sozusagen offiziell willkommen. In der langen Zeitspanne zwischen 1877 und 1988 war wohl überhaupt kein richtiger Heyoka beim Sonnentanz dort mehr erschienen. Nachdem ich in Kontakt mit den Lakota kam und 1997 zum Heyoka initiiert wurde, war ich 1997 der damals erste Europäer, der rückwärts in die Schwitzhütte ging.

CRAZY HORSE WAR EIN HEYOKA

Crazy Horse war eindeutig Heyoka. An einigen wenigen Stellen ist dies auch dokumentiert und protokolliert, etwa im Archiv der West Point Military Academy. Sein Vater, der es als Medizinmann wissen musste, sagte am Sterbebett seines Sohnes unter anderem: „… my son for sure was Heyoka." In einem anderen Buch steht in einem Nebensatz, dass der Vater darum gebeten habe, sein Sohn möge im Himmel einen Platz neben den großen Heyoka-Kriegern der Stammesgeschichte erhalten. Auch bei seiner Rückkehr im Jahr 1988 zeigte sich das deutlich: Crazy Horse ging rückwärts auf dem Sonnentanzplatz, er robbte auf Knien rückwärts in die Schwitzhütte hinein und wieder heraus, ja er saß beim Abschied sogar rückwärts auf dem Pferd. Genau so etwas tun andere Heyoka ebenfalls.

Ein Blick in die Badlands – von einer Stelle aus, die ich genau so in einem Traum sah, in dem Moment, als ich 1997 die Pfeife der Familie Lame Deer rauchen durfte. Danach verstand ich Idee und Sinn der Zeremonialpfeifen.

HEILUNGEN
UND WUNDER
BEI DEN LAKOTA

In allen Religionen der Welt gibt es für jeden Menschen innerhalb einer Gemeinschaft, der den „Kontakt" zu einem höheren Wesen hat oder herstellen kann, höchste ethische Maßstäbe.

Die entsprechenden „Vermittler" – das können Männer oder Frauen sein – nutzen unterschiedlichste Zeremonien für die Verbindung zwischen den Menschen und der spirituellen Welt oder Gott. Einfach ausgedrückt: Eine Zeremonie ist eher so etwas wie eine Telefonnummer, eine Handlungsanweisung, um mit der Geistwelt in Kontakt zu treten.

In der christlichen Kirche beispielsweise sind Priester, die eine Messe halten, diese Mittler; in anderen Religionen sind Mönche, Schamanen oder weise Frauen die Vermittler zu höheren Wesen und zu Gott.

MEDIZINMÄNNER –
MITTLER ZU GOTT

Medizinmänner sind in gewisser Weise besondere „Mittler" zu Gott. Die „weisen Männer" – bei den Lakota Wicasa Wakan – erhalten beispielsweise in einer Vision ein Lied, vielleicht von einem Tiergeist oder einem anderen Geistwesen. Nur wenn dieser bestimmte Medizinmann dann dieses Lied in einer ganz bestimmten zeremoniellen Anweisung singt, kommen genau die Geister, die damit in Verbindung stehen. Wenn ein anderer dasselbe Lied singt, passiert gar nichts. Es kann sogar sein, dass man neben einem Sonnentanz steht und sich dort gerade eine spektakuläre Situation abspielt, man selbst aber nichts merkt. Der Medizinmann nimmt es jedoch wahr, vielleicht auch einige andere, denen dies in der entsprechenden Situation gegeben ist. Aber eben nicht alle und jeder der Anwesenden. Selbst wenn – wie Archie Lame Deer bestätigte – sich alle Lakota-Medizinmänner mehr oder weniger kennen. Dieses „Kennen" muss nicht unbedingt persönlich sein; aber sie sind in gewisser Weise spirituell miteinander verbunden.

HEILUNGEN DURCH RITUALE UND GEISTWESEN

Archie Lame Deer war nach seinem vierzigsten Lebensjahr ein Heiler und anerkannt als Wicasa Wakan, als Medizinmann der letzten Stufe und heiliger Mann. Er sagte aber selbst: „Wenn du dir ein Bein brichst, geh' zum Chirurgen." Früher habe man sogenannte Bären-Medizinmänner gehabt, die hätten sogar einen Beinbruch heilen können. Aber erstens gäbe es keinen Medizinmann mehr, der diese Gabe hat, und zweitens sei die moderne Medizin in solchen Fällen besser.

Wenn sich ein Medizinmann bei einer Heilung auf eine bestimmte Person konzentriert, visualisiert er dabei diese Person und die kranke Körperstelle. Die heilenden Kräfte erreichen diese Person – sie „kommen an" –, weil wir alle innerlich miteinander verbunden sind. Es passiert also nicht etwa deshalb, weil der Medizinmann etwas „sendet". Auto-Suggestion, Placebo-Effekte, Self-Fulfilling-Prophecy – das kennen wir alles, das ist nicht neu. Der Skifahrer visualisiert seine Abfahrtsstrecke vor dem Rennen genauso wie der Formel-1-Fahrer. Psychologie ist im Spitzensport schon lange angekommen. Das hat aber nichts mit den Heilungserfolgen zu tun, die Medizinmänner oder Schamanen erzielen. Nicht nur bei den Lakota übrigens, sondern in vielen Kulturen und Religionen auf der ganzen Welt.

ES GIBT KEINE GARANTIEN

In unserer Wahrnehmung haben wir ein großes materielles Problem: Wir wollen stets „Beweise" haben, wir klammern uns an die Naturwissenschaften und deren Forschungsergebnisse. Geistheilungen kommen deshalb in unseren modernen Denkmustern nicht (mehr) vor. Allzu leicht tun wir sie als Hirngespinste ab, als Einbildung. Und das angesichts der globalen Probleme, vor denen wir stehen: Unsere Umwelt steht vor dem Kollaps, und niemand weiß so ganz genau, wie man das „heilen" können soll.

Sicher klappen Geistheilungen nicht immer, genauso wie die moderne Medizin zuweilen versagt. Mir geht es jedoch um etwas anderes: um das Grundsätzliche, das Mögliche, das Verständnis von Geist und Materie. Ich bin – wie Arvol Looking Horse – überzeugt davon, dass gemeinsame Gesänge und Gebete etwas erzeugen. Zusammen mit den vier Elementen, die in jeder Zeremonie dabei sind, reicht diese Schwingung aus, um in der materiellen Welt etwas zu verändern. Der Gedanke des Gebetes in Harmonie mit den Naturgesetzen kann sich materialisieren, er wird also zur Realität. Es ist das kleinste und größte gemeinsame Vielfache in uns. Es ist unzweifelhaft, dass Medizinmänner zumindest im kleinen Rahmen Wetter beeinflussen können. Die Wetterbeeinflussung scheint sich jeweils auf den Ausschnitt des Himmels zu beziehen, den man dabei gerade im Blickfeld hat. Vielleicht mag das aber umfassender und großflächig, ja global „funktionieren", je mehr Menschen sich zusammentun, um die drohende Katastrophe abzuwenden.

WUNDER LASSEN SICH EBEN NICHT „BEWEISEN"

Ein moderner, wissenschaftlich arbeitender Psychologe würde Spontanheilungen, wie sie etwa der Heiligsprechung in der katholischen Kirche zugrunde liegen, zu erklären versuchen: beispielsweise durch psychosomatische Abläufe, die Selbstheilungskräfte auslösen. Alle solche „Wunder" lassen sich mit bisherigen Versuchsanordnungen wissenschaftlich kaum nachweisen. Wird etwa ein Gelähmter in Lourdes vom heiligen Wasser geheilt, wird dies kaum so wiederholbar sein, dass man beim Versuch, hundert Gelähmte dem gleichen Ablauf zu unterziehen, Erfolg erzielen könnte.

Würde Jesus heute erscheinen und über das Wasser laufen – er hätte vielleicht Ähnliches zu befürchten wie vor gut 2.000 Jahren. Die Belege für spirituelle Zusammenhänge sind zahlreich, aber am Lauf der Dinge hat das bei uns noch nicht viel geändert. Wir sind in unserer materiellen Welt immer nur – mit den bisherigen wissenschaftlichen Modellen – beweisbaren Tatsachen verhaftet. Hauen wir uns mit dem Hammer auf den Finger, dann tut es weh, ganz gleich ob sich der Druck des Hammers nach Einsteins oder Heisenbergs Auffassung von Materie erklärt. Es mag sein, dass man in Trance den Schmerz des Hammers nicht spürt, es mag sein, dass sich die Wunde nach einer Geistheilung oder durch Zufall von allein verschließt, der unheilbar Kranke vom Bett aufsteht und es die Ärzte nicht erklären können.

EIN MISSIONAR ALS FÜRSPRECHER DER LAKOTA

Der Missionar Pater Eugene Buechel (1874–1954) verfasste in langen Jahren das erste Wörterbuch Lakota-Englisch. Er wirkte Anfang des 20. Jahrhunderts in der Reservation in Süd-Dakota und berichtete folgendes Erlebnis:

Mit seinem Pferdewagen fuhr er einmal durch einige Dörfer im Reservat und kam dabei an der Hütte befreundeter Indianer vorbei. Er machte halt und blieb für einen Kaffee. Seine Freunde waren zwar nicht da, aber es stand Kaffee und etwas zu essen vorbereitet in der Küche. Buechel aß, trank und fuhr dann weiter. Tags darauf kam er auf dem Rückweg wieder an derselben Stelle vorbei, doch die Hütte war völlig abgebrannt, von seinen Freunden keine Spur. Entsetzt erkundigte er sich nach deren Verbleib und wollte wissen, was geschehen war. „Die Hütte ist schon vor Wochen niedergebrannt, und die ganze Familie kam in dem Feuer um", war die Antwort. Aber wo hatte er dann am Vortag gesessen und Kaffee getrunken?

Nach diesem Erlebnis wurde Buechel endgültig klar, dass im „Indianerland" etwas anders ist und das Volk der Lakota ein Geheimnis um die Welt in sich trägt. Fortan war sein Ziel nicht mehr die Missionierung, sondern die Verständigung zu den Indianern. Das Wörterbuch für Lakota und Englisch aufzuzeichnen und auszuarbeiten, war der Beginn seines Eintretens für die Sache der Lakota. Buechel ist es zu verdanken, dass wir heute nicht nur umfassende Aufzeichnungen über die Sprache haben, sondern außerdem viele Fotografien von Indianern und dem Leben in den Reservaten; dazu kommt ein Museum mit einer reichhaltigen ethnologischen Sammlung in St. Francis, Süd-Dakota, wo Buechel bis zu seinem Tod lebte.

Buechel war bei den Indianern hochangesehen, die Lakota gaben ihm den Namen Wanbli Sapa („Black Eagle"; dt. „Schwarzer Adler"); er bestattete 1909 Häuptling Red Cloud, der bereits dreißig Jahre zuvor um die Errichtung einer Schule im Reservat gebeten hatte. Die US-Regierung verbot den Lakota für lange Zeit nicht nur die Ausübung ihrer Religion, sondern sogar das Sprechen ihrer Sprache. In den Schulen wurden Kinder, die sich auf Lakota unterhielten, mit Prügelstrafe belegt.

WAS IST VISION, WAS TRAUM?

Traum und Vision liegen eng zusammen. In der Bibel wird oft davon gesprochen, beispielsweise Propheten hätten ein „Gesicht" gehabt – nichts anderes als eine Vision, in der sie in die Zukunft blickten. In der Offenbarung Daniels heißt es (1,17) beispielsweise: „Daniel aber machte Er verständig in allen Gesichten und Träumen." Es war und ist also eine Gabe Gottes, Visionen und Träume zu haben.

JEDER LAKOTA GEHT AUF DIE SUCHE NACH VISIONEN

Bei den Lakota gehört die Suche nach einer Vision – Vision Quest oder auf Lakota Hanbleceya – zu den sieben heiligen Zeremonien, die jedem Lakota offenstehen und die ihnen von der Weißen Büffelkalbfrau überbracht wurden. Die Lakota sind absolut sicher, dass die Rituale für ihre indianischen Zeremonien von Wakan Tanka direkt stammen. Nicht nur weise Männer können bei ihnen Visionen erleben. Man muss kein Medizinmann sein, um Hinweise von Gott oder Geistwesen zu erhalten. Das heißt: Im Grunde kann jeder Mensch eine Botschaft direkt vom Großen Geist oder einem anderen höheren Wesen empfangen. Wenn Lakota solche spirituellen Zeremonien abhalten, hat das in keinem einzigen Punkt etwas „Schwarzmagisches" oder Dämonisches. Ganz im Gegenteil. Man reinigt bei der entsprechenden Zeremonie seinen Geist und wird so empfänglich für Botschaften aus der Geistwelt, aus dem Übersinnlichen – und diese weisen jedem Einzelnen seinen eigenen, nur für ihn richtigen Weg.

DIE UNTERSCHEIDUNG VON VISION UND PSYCHOSE

In unserer Betrachtung indianischen Wissens über Gott und die Welt sind keinesfalls Psychosen gemeint. Der Ordnung halber muss man erläutern, ob und wie sich Visionen und persönliche Erlebnisse mit Geistwesen unterscheiden von Psychosen, also krankhaften Trugbildern. Letztere können sich durch den exzessiven Konsum von Drogen, aber auch durch krankhafte Veränderungen in den entsprechenden Regionen des Gehirns einstellen. Die Fälle derer, die sich für Jesus oder Napoleon halten, zeugen davon. Psychosen wohnen zwar Tür an Tür mit der Vision. Der gravierende Unterschied besteht nach Auskunft von Psychologen jedoch in den Begleiterscheinungen.

Wer unter eine Psychose leidet, hat als leichtere Symptome beispielsweise Konzentrations- und Schlafstörungen, als schweres Symptom lebt er in einer Manie oder vollzieht Wahnhandlungen. Ein Mensch, der manisch oder wahnhaft agiert, ist jedoch nicht mehr „alltagstauglich". Visionäre jedoch leben im Alltag ohne Probleme. Sowohl für Crazy Horse als auch Lame Deer und Arvol Looking Horse oder viele andere, „normale Menschen", die Visionen hatten und haben, trifft dies zu. Heilige Männer und Frauen in der Vergangenheit und auch in der Gegenwart haben Visionen – leben aber dennoch ihr ganz normales Leben weiter. Mit allen Routinen im Beruf und im Privaten. Ein Psychotiker könnte das nicht.

WUNDER SIND KEINE „SPINNEREI"

Ruft ein Medizinmann in der Wüste Regen herbei (siehe auch das Kapitel „Ist das Wetter beeinflussbar?") mittels seiner Gesänge, die ihm genau für diese Situation in einer Vision gegeben wurden, dann handelt es sich nicht um eine Psychose, die er in diesem Moment auslebt. Sondern es ist Realität, die nicht nur er erlebt, sondern alle, die bei ihm sind. Wenn beim Sonnentanz der Geist eines verstorbenen Ahnen auftaucht, dann ist das mit Sicherheit auch keine Psychose, besonders dann nicht, wenn man einen solchen spirit nicht allein, sondern zusammen mit anderen sieht. Bei den Lakota ist beides keine Seltenheit.

Natürlich kennt man in der Psychologie Gruppenphänomene: Mehrere Menschen am selben Ort glauben gleichzeitig, etwas zu sehen oder zu erleben. Skeptiker erklären sich etwa das Sonnenwunder von Fátima in Portugal aus dem Jahr 1917 auf diese Weise. Fast 40.000 Menschen haben gesehen und in vielen Zeugenaussagen bestätigt, dass die Wolken nach einem Regen aufbrachen und die Sonne als undurchsichtige, sich drehende Scheibe am Himmel erschien. Bunte Lichter fielen auf Landschaft, Anwesende, Wolken und Schatten, die Sonne kippte dann auf die Seite und raste in einem Zickzackkurs auf die Erde zu – so schnell, dass viele Menschen sicher waren, das Ende der Welt sei gekommen. Die Sonnenkraft ist dabei – so berichten Augenzeugen – so groß gewesen, dass der vom Regen durchnässte Boden und auch ihre Kleidung innerhalb der kurzen Zeitspanne des Sonnenwunders völlig trocken wurden. Können 40.000 Menschen sich irren oder einem Gruppenphänomen unterliegen? Es stünde uns gut an zu akzeptieren, dass es Wunder solcher Art gibt. Die Lakota wissen das schon lange – nur wir haben es verlernt, auf die Erfahrungen und Berichte anderer zu solchen Ereignissen zu vertrauen und ihnen Glauben zu schenken. Das ganze Leben ist ein Wunder – dessen Anfang die Wissenschaft ebenso nicht erklären kann und niemals wird erklären können, wie das, was um das Universum herum ist. Wir leben in einem Wunder, nur vergessen wir das oft im Alltag.

TRÄUME KÖNNEN LÖSUNGEN BIETEN

Träume können unterschiedlichster Art sein: In manchen wird einfach der Alltag verarbeitet, andere sind durch körperliche Ursachen bedingt. Es gibt Träume, die einem etwas erklären, die auf etwas aufmerksam machen. Es gibt ganz eindeutig präkognitive Träume, die etwas vorhersagen. Über die Jahre lernt man, die einen von den anderen zu unterscheiden. Es braucht Übung, aber eben auch die Erfahrung, um zu sehen, wann welche Form von Traum dann später eingetreten ist. Träume können Lösungen oder Lehren bieten, gerade bei den Lakota. Solche Träume „fühlen" sich anders an; man merkt schon beim Träumen, dass etwas bedeutsam ist, und der Traum ist nach dem Aufwachen noch klar im Bewusstsein.

Eine Verwandte von Arvol Looking Horse, die bei meinem ersten Besuch bei seinem Vater in einer ganz alten Bretterhütte dabeisaß, meinte plötzlich zu Beginn des Treffens: „Ich habe letzte Nacht geträumt, dass du kommst." Es mag fantastisch klingen, aber vorausschauende Träume gibt es – übrigens nicht nur bei den Indianern, auch bei vielen anderen Menschen. Wir müssen nur wieder lernen, darauf zu achten und solche Dinge nicht als Unsinn oder Spinnerei abzutun.

KOMMUNIKATIVE KOMPETENZEN, REIN SPIRITUELL

Es ist eine interessante Koinzidenz: Zum selben Zeitpunkt, an dem die Gesänge der Lakota – das zentrale Moment beim Beten, Heilen und Wundertun – nicht mehr in institutioneller Freiheit stattfanden, wurde genau jene technische Erfindung gemacht, die Sprache und Gesang erstmals vom Menschen unabhängig konserviert. Thomas Alva Edison meldete 1877, also genau in dem Jahr, ab dem den Indianern ihre Gesänge offiziell verboten wurden, das Patent auf den ersten künstlichen Tonträger an, den Phonographen, der – wie das später in Deutschland erfundene Grammophon – Stimmen aufzeichnen und abspielen konnte. Das Ende der freien Naturvölker, de facto das Ende der Lakota, lässt sich an den Entdeckungen festmachen, die Basis der industriellen Entwicklung sind: Erdöl und Elektrizität. Genau diese industrielle Entwicklung ist die Ursache für unsere ökologischen Probleme.

KONTAKTHALTEN AUF LAKOTA-ART

Man sagt Indianern und anderen Urvölkern nach, dass sie in relevanten Situationen selbst über große Entfernungen hinweg genau voneinander wissen, was der andere gerade tut. Archie Fire Lame Deer wusste das auch. Wenn „Crocodile Dundee" sich mental mit seinen Freunden im australischen Outback unterhält, ist das im Spielfilm ein unterhaltsamer Aspekt. Man sollte sich jedoch der Vorstellung nicht verschließen, dass genau so etwas bei geistig hoch entwickelten Urvölkern Usus war und dass es heute noch möglich ist: Es gibt eben viele mentale Begabungen und mentales Wissen, die sich wissenschaftlichen Erklärungen (noch) verschließen.

Beispiele dafür gibt es genug, und es passiert auch ganz normalen Menschen. Etwa, wenn der eigene Blick auf etwas fällt – einen Gegenstand, ein Tier, eine Person – und man denkt an eine andere, bestimmte Person. In diesem Moment „überlagert" unser innerer Blick praktisch das, was wir in der Realität anschauen, und wir können tatsächlich sehen, was die andere Person, die nicht anwesend ist, die sogar weit entfernt sein kann, gerade tut. Man kann diese Synchronizität nicht aktiv herbeiführen, sie geschieht einfach – mal öfter, mal seltener. Wenn man als Medizinmann geweiht ist, bekommt man auf diese Weise ausschließlich relevante Informationen, keine „unwichtigen" Details. Wer jedoch so etwas selbst unbedingt „erzwingen" will und danach strebt, diese „Gabe" zu haben, wird schnell feststellen, dass es so nicht klappt. Das „Motiv" muss stimmen – will heißen: Diese spirituelle Kommunikation geschieht, wenn man damit etwas Gutes bewirken kann, beispielsweise jemanden heilen oder ihm helfen. Mit bösen Gedanken, mit negativen Energien dagegen funktioniert es nicht.

SHELDRAKES EXPERIMENTE

Allgemein sagt man, dass Indianer ein ganz besonderes Verständnis für Tiere haben – sie „sprechen" mit ihnen wie unsereins mit anderen Menschen. Diese intensive Verbindung hat auch die Wissenschaft fasziniert; es gibt

– unabhängig vom indianischen Denken – seit vielen Jahrzehnten eine ganze Reihe von Forschungen zu diesem Thema. Nicht von „Spinnern", sondern von anerkannten Biologen und Naturwissenschaftlern.

Der britische Biologe und Biochemiker Professor Rupert Sheldrake leitete fünf Jahre lang (von 2005 bis 2010) das Perrott-Warrick-Projekt. Es wurde von einer Stiftung im Trinity College in Cambridge finanziert und untersuchte scheinbar unerklärliche Fähigkeiten von Menschen und Tieren. Sheldrake hat nachgewiesen, dass sowohl eine mentale Verbindung zwischen Menschen und Tieren existiert als auch zwischen Menschen untereinander. Nicht unbedingt als ständig bestehende „Leitung", aber überzufällig häufig: Zu signifikanten Reaktionen kam es bei etwa vierzig Prozent der Fallbeispiele (als „zufällig" würde man in der Wissenschaft bei der angesetzten sogenannten Fallzahl zwischen zehn und fünfzehn Prozent einstufen). Wiederholungen – auch mit skeptischen Kollegen – zeigten stets dasselbe Ergebnis.

Sheldrakes Experimente haben uns gezeigt, dass es viel mehr gibt als nur das, was wir „Bewusstsein" nennen und man im Englischen mit „mind" bezeichnet. Seiner Ansicht nach gibt es ein „extended mind", also ein Bewusstsein, das sich nicht nur auf die eine Person (oder das eine Tier) beschränkt, sondern übergeordnet oder erweitert ist. Bereits in den zwanziger Jahren des vergangenen Jahrhunderts gab es an der Universität Harvard zu diesem Thema Labortests mit Ratten. Dabei untersuchte man deren Fähigkeit, aus einem Labyrinth herauszukommen. Es stellte sich heraus: Ratten rannten schneller fehlerlos durchs Labyrinth, wenn andere Artgenossen das bereits erfolgreich versucht hatten; selbst dann, wenn die Ratten nicht miteinander verwandt waren. Anfangs kam es zu 165 Fehlversuchen, nach ein paar Rattengenerationen jedoch verminderte sich diese Zahl auf lediglich zwanzig. Sheldrake sieht in diesem Experiment den Beweis dafür, dass die erfolgreichen ersten Generationen ein Lernmuster schaffen, auf das die Nachkommen zugreifen können – und nicht nur die, sondern die Rattenpopulation insgesamt: ein „morphisches Feld", wie er es nennt, oder das „Gedächtnis der Natur". Demnach finden Abläufe im Gehirn eine Entsprechung außerhalb, im Umfeld oder sogar in den Naturgesetzen allgemein.

Manche von Sheldrakes Experimenten kann jeder von uns nachvollziehen: Er arbeitete auch mit Hunden und Katzen, also unseren liebsten Haustieren. Sie „erspüren" genau, ob es uns gut oder schlecht geht. Sie „ahnen" voraus, wenn wir auf Reisen gehen, und sie „wissen" lange, bevor Frauchen oder Herrchen den Schlüssel ins Türschloss stecken, dass ihre Besitzer nach Hause kommen. Dies lässt sich nicht lediglich mit einer besseren Fähigkeit der Sinne erklären (also beispielsweise einem hervorragenden Gehör), sondern es ist offensichtlich, dass es da mehr geben muss – eben den „extended mind".

Dasselbe Prinzip gibt es auch beim Menschen: So manch einer weiß genau, wer anruft – ohne eine Verabredung getroffen zu haben, ohne aufs Display zu schauen. Man „erfühlt" sozusagen den anderen Gesprächsteilnehmer, bevor man das Telefonat angenommen hat. Viele

Menschen kennen Ähnliches aus eigener Erfahrung. Etwa dass sie, wenn sie mit einem anderen in einer engen Verbindung stehen, genau „wissen", ob sich der andere wohlfühlt, ob er krank oder niedergeschlagen ist – selbst wenn sich derjenige in großer Distanz befindet.

LAKOTA VERSTEHEN DIE „SPRACHE" DER TIERE

Indianer haben durch ihr Leben in und mit der Natur eine ganze besondere Beziehung zur Tierwelt. Bei den Lakota tummeln sich zwar viele heilige Geistwesen – in Bären-, Adler-, Büffel-, Eulen- oder Hirschgestalt. Aber sie beten – das wird oft falsch dargestellt – keine Tiere an. Mit etwas Glück kann man jedoch bei einer entsprechenden Zeremonie das Auftreten heiliger Tiergeister erleben, manchmal, ganz selten, kann man sie sogar sehen. Das sind keine Sagen und Legenden, sondern es geschieht heute noch, mitten unter uns. Die Verständigung mit Tieren ist für Lakota ebenfalls fast selbstverständlich: Archie Fire Lame Deer hielt beispielsweise in den 1990ern eine Schwitzhüttenzeremonie auf einem der Plätze in Deutschland ab. Nicht alle Teilnehmer des Treffens waren in der Schwitzhütte, und so staunten sie, als plötzlich die Hirsche im Wald anfingen zu röhren. Genau zum selben Zeitpunkt, als Archie sang; die Tiere hielten sogar denselben Rhythmus ein.

Ein anderes Beispiel verdeutlicht die besondere Beziehung der Lakota zum „König der Lüfte", dem Adler: Erst vor Kurzem, im Oktober 2012, lernte ich einen Mann kennen, der wie ich auf dem Lakota-Weg ist. Er war zum Besuch eines Geheges für große Greifvögel eingeladen worden und durfte den großen Käfig betreten. Zunächst waren die zahlreichen Adler unruhig, kreischten, flatterten und zeterten. Doch dann stimmte der Mann das Lied vom gefleckten Adler an, auf Lakota Wanbli Gleshka. Sofort wurden die Adler ganz ruhig und hörten aufmerksam zu. Ein Wunder? Nein – hier manifestierte sich der Umgang mit Natur und Tieren auf Lakota-Art.

SPIRITUELLE ERFAHRUNGEN MIT TIEREN

Es gibt unzählige solcher Begebenheiten – ich habe so etwas persönlich erlebt. Ein paar Beispiele mögen das veranschaulichen:

Eines Abends im Jahr 1997 übernachtete ich im Coyote Blues Village in der Nähe von Hill City in den Black Hills. Dieses Bed & Breakfast Hotel liegt tief im Wald; es wird von einem Schweizer Ehepaar geführt, gute alte Freunde von Archie Lame Deer und seiner Familie. Gemeinsam stand ich mit dem Hotelier im Dunkeln auf der Terrasse des traumhaften Hotels. Wir diskutierten hitzig die Weltlage. Immer wieder verteidigte ich meinen Standpunkt und erklärte dabei, wie ich ökologische Themen strategisch angehen würde. Mein Gesprächspartner war anderer Ansicht, doch ich sagte sinngemäß: „Doch, das geht noch, wir werden es schaffen!" Als ich das letzte Wort beendet hatte, fingen Kojoten im Wald in einem ganzen Chor an zu jaulen und zu „singen". Zwanzig, dreißig oder mehr Tiere waren das sicher. Bis heute können sich die beiden Schweizer daran erinnern. Ich habe dann viele Vorträge genauso aufgebaut und erfolgreich gehalten wie an diesem Abend auf der Terrasse.

Im selben Jahr wollte ich Arvol Looking Horse noch einmal besuchen. Telefonisch konnte ich ihn nicht erreichen. Aber einfach mal eben aufs Geratewohl ein paar hundert Meilen in die Prärie fahren, in dem alten, klapprigen Auto, das mir an dem Tag zur Verfügung stand? Auf teilweise unbefestigten Straßen? Danach stand mir nicht wirklich der Sinn. Da setzte sich ein Schmetterling direkt vor mich und klappte seine Flügel langsam und ohne Unterlass auf und zu. Ich schaute erst nur kurz hin, dann aber kam mir die Frage in den Sinn: „Soll ich wirklich hierbleiben?" In dem Moment erstarrte der Falter in seiner Bewegung. Ich überlegte, vorher noch eine Ruhepause einzulegen, und ging in mein Zimmer in einem Cottage. Dort lief gerade eine schwarze Spinne über mein Kopfkissen in die Richtung, die nach indianischem Wissen Nein bedeutet. Das konnte natürlich Zufall sein – aber ich riskierte es und ließ mich einfach darauf ein. Ich packte sofort zusammen und fuhr los. Und siehe da: Ich kam auf den Moment genau bei Arvol Looking Horse an, als er eben zwischen seinen zahlreichen Reisen für ein paar Tage zu Hause war.

Bei meinem Besuch im Beaver Valley im Jahr 2001 passierte Ähnliches: Zusammen mit meiner späteren Frau ging ich mithilfe einer alten Landkarte auf die Suche nach dem Sepulcher Tree, dem Beerdigungsbaum von Crazy Horse. Irgendwann hofften wir, die richtige Stelle gefunden zu haben, und sprachen ein Gebet. Aber dennoch fühlte sich der Platz „nicht richtig" an – und später merkten wir, dass ich die alte Karte verkehrt herum gehalten hatte. Als wir weitergingen, sah ich einen Schmetterling flattern und hatte den deutlichen

Eindruck, dass er uns „sagte", wir sollten ihm folgen. Nach einigen hundert Metern über unbefestigte Wege erreichten wir ein Haus. Ein Mann kam heraus – es war, wie sich schnell herausstellte, der Enkel von Edward und Mabell Kadlecek. Seine Großeltern hatten in den 1960ern das Buch „To kill an Eagle" über das Ende der Lakota und Crazy Horse herausgegeben und dann das fast unberührte Tal gekauft. Der Sohn war der Erbe und hat uns dann die ganze Gegend gezeigt – die beste Führung durch dieses Gelände, die man sich vorstellen kann: Wir sahen den Platz des letzten Sonnentanzes der freien Indianer mit den fünf Steinen, den echten Sepulcher Tree und die Stelle, an der Crazy Horse am wahrscheinlichsten begraben wurde. Ohne diesen Schmetterling hätten wir dieses einmalige Erlebnis nicht gehabt.

BRAIN MAIL – KOMMUNIZIEREN IM GEISTE

Für die Lakota sind all diese Dinge keine ungewöhnlichen Begebenheiten, sondern eher der Normalfall. Sie lauschen den Geräuschen von Tieren – ob Wild- oder Haustier. Sie ziehen daraus genauso ihre Schlüsse wie aus den Bewegungen von Spinnen und Schmetterlingen. Denn sie kommunizieren mit der Tierwelt, mit der gesamten Natur – und wissen daher eher als wir, wie es um uns und unsere Welt bestellt ist.

Heilige Männer – bei den Lakota und überall auf der Welt – brauchen kein Handy, keine technischen Hilfsmittel, um die Physik so zu beherrschen, dass sich die Tiere und die Bäume vor ihnen verneigen. Sie sehen, was der andere denkt. Und sie wussten schon immer:

Der ganze Kosmos lebt. Wir sind alle miteinander verbunden – wir müssen es nur (wieder) lernen, diese Ver-
bindungen aufzubauen, sie zu nutzen. Und gemeinsam
dafür Sorge zu tragen, dass wir alle diese Kräfte zum
Guten verwenden. Die größte Macht der Welt ist nicht
Geld, ist nicht Politik, sondern der Glaube. Wir bauen
uns die spirituelle Welt zwar technisch nach – etwa mit
Smartphone und Handy. Dabei könnten wir spirituell
genauso gut kommunizieren: Brain Mail statt Handy
und Internet ...

DIE GRENZEN DER FASSBAREN WELT

Es ist noch gar nicht so lange her, da galt das Atom als kleinster „Baustein" unserer Welt. Heute gilt es als naturwissenschaftlich erwiesen: Kleinste materielle und greifbare Dinge gibt es im Grunde überhaupt nicht. In solchen „dinglichen" Begriffen denkt und arbeitet man beispielsweise in der Quantenphysik nicht mehr, sondern man spricht von „Passierchen" – winzig kleinen Prozessen, die ständig ablaufen, die ununterbrochen sich selbst und ihre Umgebung verändern.

WAS HÄLT UNSER UNIVERSUM ZUSAMMEN?

Kleinste Elemente sind es, die nicht mehr materiell sind, sondern – so sagt es die Quantenmechanik – im Grunde materielose Form, die von Energie zusammengehalten wird. Es ist rational denkenden Menschen kaum vorstellbar, dass nichts einfach „ist", sondern dass „etwas" erst durch Messungen bestimmt wird. Das bedeutet nämlich im Klartext: Unsere Wirklichkeit ist im Grunde nicht „greifbar". Dieses Nicht-greifbar-Sein gilt für alles in unserer sichtbaren Welt – für Tisch und Stuhl, Auto und Fahrrad, Handy und MP3-Player. Auch für die uns umgebende Natur, selbst für unsere eigenen Körper. Aber wir können all diese Dinge doch „greifen" und anfassen? Was hält sie dann zusammen?

„Die Energie ist tatsächlich der Stoff, aus dem alle Elementarteilchen, alle Atome und daher überhaupt alle Dinge gemacht sind, und gleichzeitig ist die Energie auch das Bewegende", hat der Physiker und Philosoph

Werner Heisenberg (1901–1976) gesagt. Und genau das ist im Grunde der Punkt, um den es geht. Nichts Gegenständliches, im wahrsten Sinne des Wortes „Be-Greifbares" macht unsere Welt aus, sondern eine Struktur von Beziehungen: zwischen den Atomen, im Atomkern. Heisenbergs enger Mitarbeiter und Nachfolger, der weltbekannte Physiker Professor Hans-Peter Dürr, sagt sogar: „Im Grunde gibt es Materie gar nicht. Jedenfalls nicht im geläufigen Sinne. Es gibt nur ein Beziehungsgefüge, ständigen Wandel, Lebendigkeit. Wir tun uns schwer, uns dies vorzustellen. Primär existiert nur Zusammenhang, das Verbindende ohne materielle Grundlage. Wir könnten es auch Geist nennen. Etwas, was wir nur spontan erleben und nicht greifen können. Materie und Energie treten erst sekundär in Erscheinung – gewissermaßen als geronnener, erstarrter Geist."

BRÜCKENBAU ZWISCHEN NATURWISSENSCHAFT UND SPIRITUELLER WEISHEIT

Noch tiefer ins Detail gehend: Es sind „lediglich" die ablaufenden Prozesse zwischen den „Passierchen" oder „Wirks", wie Hans-Peter Dürr die bis dato kleinsten Elemente nennt, die die Grenzen der fassbaren Welt sind. Dürr gilt seit vielen Jahren als Brückenbauer zwischen moderner Naturwissenschaft und spiritueller Weisheit. Er ist nicht nur Mitglied des Club of Rome, sondern auch Gründer und Mitglied der Global Challenges Network, einer Vereinigung, die „an der Bewältigung der Probleme arbeitet, die uns und damit unsere natürliche Umwelt bedrohen".

Quantenphysik ist eine höchst komplizierte Sache; genau deshalb kann kaum jemand sie nachvollziehen. Für den Physiker machen nicht bestimmte „Teilchen", seien sie auch noch so klein, die Welt zu dem, was sie ist. Nicht mechanische oder auf Materie basierende Struktur, keine Mikro-Objekte. Sondern die Beziehung selbst ist die Grundlage allen Seins. Was Naturwissenschaftler und Physiker damit erkannt haben, ist spirituellen Menschen wie den Lakota schon lange klar: Energie ist es, die unsere Welt zusammenhält. Diese allumfassende Energie ist reiner Geist. Ein gläubiger Mensch würde sagen: Sie ist Gott.

Diese Energie ist nicht nur Denkmodell oder Theorie, sondern weit mehr, nämlich das Begreifen innerhalb der Naturwissenschaft, dass es nicht stoffliche Materie, sondern diese eine Kraft ist, die wie in einem winzigen Sonnensystem alle Teilchen zusammenhält. Materie ist demzufolge nichts anders als sichtbar gewordene Energie. Heisenberg spricht davon, dass „alle Elementarteilchen aus derselben Substanz sind, aus demselben Stoff gemacht, den wir nun Energie oder universelle Materie nennen können; sie sind nur verschiedene Formen, in denen Materie erscheint." Für den Physiker und Philosophen ist „Energie die Ursache für alle Veränderungen in der Welt", sie ist die Grundsubstanz, der Grundstoff für alles in der Welt. Dürr – der auch der wissenschafts- und forschungskritischen internationalen Gruppe Pugwash angehört, die 1995 den Friedensnobelpreis erhielt – sieht es ähnlich. Er meint, unser Denken sei zu eng, das zu begreifen, selbst unsere Sprache hätte dafür kaum Worte.

DIE GRUNDLAGE DER ENERGIE

Die Basis aller Energie ist – so lehren es viele Religionen – reiner Geist. Wenn wir das akzeptieren, wenn wir erkennen, dass unsere „alte" Vorstellung der ausschließlich materiellen Welt falsch ist, dann sind wir endlich auf dem richtigen Weg: Geist und Materie sind keine Gegensätze.

Es gibt eben nicht nur Ja und Nein, sondern auch ein Möglicherweise, ein Vielleicht und natürlich viele Sowohl-als-Auch. So erschließt sich über die Naturwissenschaft der Weg hin zur Spiritualität: Geist als Basis für Energie, Energie als Grundlage der Materie und damit das uralte Wissen, dass wir alle eins sind im Kosmos. Wir sind Teil des Ganzen – und das Ganze ist stets auch ein Teil von uns.

KEIN WIDERSPRUCH: LAKOTA-WEISHEIT UND MODERNSTE PHYSIK

Für die Lakota sind diese modernen Erkenntnisse der Physik ganz gewiss keine Neuigkeit. Sie wussten schon immer, dass wir alle Teil eines Ganzen sind, dass die Summe von allem, was uns umgibt und was wir selbst sind, unsere Welt ausmacht. Dass aber eben umgekehrt die Welt auch in uns liegt, in jedem Einzelnen von uns.

Die Lakota wissen, dass man im Himmel letztlich Gott erkennen kann. Dass der Himmel lebt, dass er ein Organismus ist – genauso wie unsere Erde. Weil eben alles lebt. Was modernste Wissenschaft und Lakota aber heute – vielleicht zum ersten Mal – eint, ist die Suche nach dem innersten Verständnis aller Dinge.

Es ist an uns zu lernen, unsere Gedanken und Wünsche in die Realität umzusetzen. Zu akzeptieren, dass wir uns nicht mehr einfach treiben lassen dürfen, sondern dass wir unsere Energien bündeln müssen, um gemeinsam eine Lösung dafür anzustreben, was unser größtes Problem ist: nämlich die reale Bedrohung durch die Klimakatastrophe abzuwenden.

Es kann uns doch völlig egal sein, wie groß das Universum tatsächlich oder angeblich ist – wir können sowieso nicht hinfliegen, wir können es nicht einmal gedanklich richtig erfassen, so gewaltig ist es.

Wir können die besten technischen Geräte entwickeln – aber niemand von uns wird jemals vierzehn Milliarden Lichtjahre weit fliegen. Zumindest nicht mit einer Maschine. Im Geist aber, mit unserem Glauben – da überwinden wir jede Grenze. Absolut jede. Auch weil wir wissen, dass das Universum immer näher rückt, je weiter wir uns entwickeln. Denn wenn wir ins Universum schauen, dann blicken wir im Grunde in uns selbst.

Wir werden alle eines Tages dahin kommen zu akzeptieren, dass Materie oder vielmehr: das, was bisher Materie schien, mit unseren Gedanken und Gefühlen, mit Worten und Blicken veränderbar sein wird.

Die Lakota machen es uns seit Langem vor, wie man die vier Grundelemente so lenkt, dass sich etwas ändert. Es ist an der Zeit für ein neues Denken, das unsere westliche Wissenschaft und die Weisheit der Lakota vereint. Und selbst östliche Weisheiten finden sich hier wieder. Keiner weiß das besser als der Dalai Lama.

BUDDHISTISCHE ERLEUCHTUNG UND INDIANISCHE RELIGION

Respekt vor der Natur, verantwortliches Leben im Sinne von Ökologie – das ist ein Grundprinzip der Lakota. Archie Fire Lame Deer kannte nicht nur den Dalai Lama, er lernte außerdem Meditation bei Maharishi Yogi. Erleuchtung muss nicht heißen, dass man vollkommen ist. Ein Erleuchteter hat zwar spirituelle Ziele erreicht, die er möglicherweise gar nicht angestrebt hat. Dennoch lebt er im Alltag, zieht sich nicht zurück und gibt sich nur noch ausschließlich seiner Erleuchtung hin. Erleuchtung kann sich unabhängig davon abspielen, ob jemand an Gott glaubt oder nicht.

Es gibt ganz sicher – davon bin ich überzeugt – lebende Buddhas. Der Dalai Lama gilt als Buddha des Mitgefühls (Bodhisattva Avalokiteshvara). Auch die beiden momentan lebenden 17. Gyalwa Karmapas (Orgyen Thrinle Dorje und Thaye Dorje) sind erleuchtete Buddhas. Doch den Klimawandel hat ihre Existenz bisher nicht verhindert.

GEMEINSAMKEITEN IN DER SPIRITUELLEN LEHRE

Buddhisten sagen, es sei das Mitgefühl, das einen zur Erleuchtung bringe.

Meditation ist bestimmt ebenfalls ein Weg, sonst gäbe es nicht so viele Mönche, die ihre Inkarnation kennen. Aber es ist mit Sicherheit nicht der einzige Pfad zur Offenbarung. Es gibt sicher, allgemein gesprochen, einige wenige Grundsätze, die zur Erleuchtung führen.

Einer davon ist, dass man dazu allein sein muss. Nicht einsam – aber es wird wohl kaum jemanden geben, der inmitten einer Menschenmenge plötzlich erleuchtet wird. Nur im Alleinsein kann man lernen, den Kosmos zu spüren, zu sehen, Gott zu verstehen. Ein weiterer Punkt ist, sich nicht mit Kleinigkeiten aufzuhalten. Die Buddhisten sagen: „Orientiere dich am Großen." Man sollte den Lehren weiser Männer folgen – Jesus, Buddha, auch Männern wie Lame Deer oder Arvol; Gott und den Sternen, den Großen und ihren Lehren – und sein Leben nicht mit mickrigen, engstirnigen Themen verschwenden.

DER DALAI LAMA BEI DEN LAKOTA

Der Dalai Lama hat schon in den 1980ern Mönche zum Sonnentanz geschickt. Lame Deer erinnerte sich genau an die Worte, die der Dalai Lama gesprochen hat: „Go and learn the Indian way, it´s the only way to survive." – „Geht und lernt den indianischen Weg – es ist der einzige Weg, um zu überleben."

Der Dalai Lama hat Lame Deer einmal persönlich besucht. In der Reinigungszeremonie in der Schwitzhütte sagte Lame Deer dann zu ihm: „Es tut mir leid, aber ich sehe in meinen Gedanken, dass Sie der letzte Dalai Lama sind." Dieser meinte daraufhin, dass er das *wisse*. Lame Deer hat mir diese Begebenheit 1989 erzählt, bevor er es Anfang der 1990er-Jahre in seinem Buch erwähnt hat. Jahre später gab es einmal eine Pressemeldung, der Dalai Lama hätte bekannt gegeben, dass er der letzte Dalai Lama sei. Man wird sehen ...

DIE BEDEUTUNG FÜR DEN KLIMAWANDEL

Liebe, Mitgefühl, Gott, die Natur – das sind die Orientierungen, schon immer und für alle Zeit. Sie gelten auch für das Wetter. Vielleicht ist es an der Zeit für eine Kombination aus der Lehre von Gott und der Lehre der Indianer von der Natur. Alles muss wieder an seinen Platz. Es geht nicht um die Gegensätze von Gut und Böse, sondern um das Annehmen von scheinbar Negativem als Teil des Lebens, als Chance auf Erneuerung. Die großen Meister wie Buddha und Jesus mögen ihre Dämonen besiegt beziehungsweise aufgelöst haben, doch das hilft der Welt bis heute nicht konkret weiter. Mit Blick auf die Natur, auf die Situation, in der wir uns befinden, kurz vor dem Klimawandel, gibt es vielleicht nur eine Lösung: Jeder sollte sein eigener Jesus und Buddha sein.

Die Basis dafür ist die Erkenntnis, dass es einen Zusammenhang zwischen Geist und Materie gibt. Dass dies die vielleicht letzte Hoffnung für unser Klima ist. Dem liegt das einfache Wissen darüber zugrunde, dass es Gott gibt, dass Leben ein Wunder ist und dass alles lebt.

Das ist alles. Eine simple Erkenntnis, die doch so viel bewirken kann und wird.

Meine Freunde bei den Lakota haben mir ihre Zustimmung für dieses Buch auch deshalb gegeben, weil wir alle wünschen, dass mit dem Teilen spirituellen Basiswissens, das so lange geheim war – und jeder, der darüber redete, sanktioniert wurde –, allen Menschen ein Tor gezeigt wird, durch das sie hindurch sehen und gehen können. Damit sie wissen, dass der Klimawandel nicht das letzte Wort sein wird.

*Für die Lakota
lebt der Himmel.
Der Himmel über
Süd-Dakota ist
oft spektakulär.
Medizinmänner,
aber auch manche
Sonnentänzer und
Heyoka können
die Zeichen des
Himmels lesen.*

IST DAS WETTER
BEEINFLUSSBAR?

Beim Klimawandel auf unserem Planeten handelt es sich ganz offenbar um ein „Wetterproblem". In Bezug auf das Wetter aber, so ist es dokumentiert, finden sich heutzutage größere spirituelle Kompetenzen nur bei den Indianern Nordamerikas. Ich fand diese noch bei einem anderen Volk, das aber nicht genannt sein möchte.

Sicher gab es zu allen Zeiten – man denke nur an die Berichte in der Bibel – und in allen Regionen auf der Welt „Wettermacher". Unsere Ansprechpartner heute sind die Lakota: Sie haben als Einzige ihre Religion und Spiritualität bewahrt. Sie wissen um die Anzeichen der globalen Bedrohung und warnen seit vielen Jahren davor.

Bis jetzt fanden ihre Warnungen bei den meisten Menschen kein Gehör. Obwohl die Lakota uns auch eine Lösung bieten.

WETTERPHÄNOMENE IN DER BIBEL

Schon im Alten Testament steht die Geschichte von Jonas, der einem Auftrag von Gott nicht folgen wollte und schließlich mit einem Schiff aufs Meer hinausfuhr. Da kam ein Sturm auf, so schlimm, dass die Mannschaft nach dem Schuldigen suchte, der den Zorn Gottes heraufbeschworen haben musste. Sie warfen das Los, und es fiel auf Jonas, der sich daraufhin selbst opferte und über Bord geworfen wurde. Sogleich beruhigte sich der Sturm.

Der Regenbogen – diese Geschichte kennt wohl jeder – ist Gottes Zeichen nach der Sintflut: „Meinen Bogen habe ich in die Wolken gesetzt; der soll das Zeichen sein des Bundes zwischen mir und der Erde. Und wenn es kommt, dass ich Wetterwolken über die Erde führe, so soll man meinen Bogen sehen in den Wolken." (1. Mose 9,13–14)

Es gibt eine ganze Reihe anderer Wetterphänomene, die im Alten Testament beschrieben werden: Gott erscheint den Israeliten als Wolkensäule (2. Mose 14,19–20), um sie vor dem anrückenden ägyptischen Heer zu verbergen; als Feuersäule des Nachts (2. Mose 13,21–22), um ihnen in der Wüste zu leuchten; er half mit einem starken Sturm, um das Meer zu teilen (2. Mose 14,21–22). Er spricht aus Sturm und Wolken heraus zu Hiob (Hiob 38,1) und zu seinem Volk in den Psalmen (Psalm 81,8).

Gott lehrt Moses sogar, selbst tätig zu werden, indem er sagt: „Recke deine Hand aus gen Himmel, dass es hagelt über ganz Ägyptenland, über Menschen, über Vieh und über alles Gewächs auf dem Felde in Ägyptenland."

Es steht geschrieben, was dann geschah: „Da streckte Mose seinen Stab gen Himmel, und der Herr ließ donnern und hageln, und Feuer schoss auf die Erde nieder. So ließ der Herr Hagel fallen über Ägyptenland, und Blitze zuckten dazwischen und der Hagel war so schwer, wie er noch nie in ganz Ägyptenland gewesen war, seitdem die Leute dort wohnen. Und der Hagel erschlug in ganz Ägyptenland alles, was auf dem Felde war, Menschen und Vieh, und zerschlug alles Gewächs auf dem Felde und zerbrach alle Bäume auf dem Felde. Nur im Lande Goschen, wo die Israeliten waren, da hagelte es nicht." (2. Mose 9,22-26)

Zu biblischen Zeiten war es dem Menschen also gegeben, das Wetter zu beeinflussen. Es gibt somit eine enge Beziehung zwischen dem Menschen und seiner Seele und dem Himmel. Nicht nur in alten Zeiten, sondern auch in unseren modernen.

DAS VERSPRECHEN VON JESUS CHRISTUS

Wenn wir in die Zukunft blicken, die in der Bibel an vielen Stellen beschrieben steht, und wenn wir dies mit einem ökologischen Bezug betrachten, hat es oft etwas mit Himmels- oder Wetterphänomenen zu tun.

▸ Jesus fuhr nach seiner Auferstehung in einer Wolke zum Himmel auf. Das kann man in der Apostelgeschichte (1,9) nachlesen: „... wurde er zusehends aufgehoben, und eine Wolke nahm ihn auf vor ihren Augen weg ..."

▸ Jesus hat seine Wiederkehr verkündet; darauf warten die Christen, es ist Bestandteil ihrer Religion. Dabei soll er auf einer Wolke kommen und für alle sichtbar sein. So steht es im Buch Daniel (7,13): „... und siehe, es kam einer mit den Wolken des Himmels wie eines Menschen Sohn ..."

In den Rollen von Qumran wurde vor wenigen Jahrzehnten eine Fassung des Buchs Daniel aus der Bibel gefunden, deren Text aus dem sechsten Jahrhundert vor unserer Zeitrechnung stammt. Sie zeigt (wie übrigens auch eine Fassung des Buches Jesaia aus dem achten Jahrhundert), dass die heutigen Bibeltexte im Detail fast unverändert über 2.600 Jahre erhalten blieben.

Daniel beschreibt die europäische und vorderasiatische politische Geschichte von Babylon ausgehend über die Perser, Alexander den Großen und die Römer bis zum heutigen Europa in einer Detailgenauigkeit, die wirklich verblüffend ist. Daniel hatte dies in einem Traum gezeigt bekommen. Er hatte ein „Gesicht" – eine Vision.

IST DIE APOKALYPSE UNAUSWEICHLICH?

Kein Zufall ist es sicherlich, dass sowohl in der Bibel, im Alten wie im Neuen Testament, als auch bei vielen anderen Religionen die Wiederkehr des Religionsstifters beziehungsweise eine allgemeine Erneuerung erst nach einer Weltkatastrophe stattfindet. Jesus wird die „neue Welt" errichten und er wird uns mitnehmen – aber erst nach einer Phase schlimmer Katastrophen und Nöte, die beispielsweise in der Apokalypse des Johannes anschaulich beschrieben werden. Diese wenig freundlichen Punkte der christlichen Lehre stehen leider weniger im Bewusstsein der Öffentlichkeit; genauso wenig wie etwa die vielen Dämonen der Buddhisten, die gar nicht so lieb und nett erscheinen.

DIE „NEUE WELT" NACH DER KATASTROPHE

Wenn wir mit den Lakota erkennen, dass der Himmel lebt, wissen wir, dass Gott lebt. Manche nennen Gott nicht Gott, sondern sprechen von „existence". Vielleicht ist das ein guter Ansatz für alle Atheisten, die nicht an ein höheres Wesen glauben, aber dennoch das Universum verstehen wollen. Auch dann kann man nachvollziehen, dass die ganze Welt lebt, dass sie ein Wesen, ein Organismus ist.

Vielleicht ist es so, dass wir diese neue Welt von der heutigen Welt aus entdecken. Wir schaffen uns eine neue und bessere Welt, weil wir alles aus einem anderen Blickwinkel betrachten, mit einem neuen Bewusstsein sehen. Auch dann „vergeht" unsere alte Welt; aber eben in dem Sinn, dass ein altes Weltbild vergeht. Zwar scheint festgeschrieben – und momentan sieht es durch den Klimawandel sehr konkret so aus –, dass diese neue Welt nicht ohne eine reale Katastrophe kommen wird.

Besinnen wir uns jedoch auf den ursprünglichen Sinn des griechischen Wortes Katastrophe: Es bedeutet „Umwendung"; und in der Literaturwissenschaft ist es die entscheidende Wende in einer Tragödie. Das könnte die große Chance für uns sein. Das Wissen der Lakota kann uns dabei helfen.

HEYOKA UND DAS WETTER

Nach den Lehren der Lakota ist es die Energie von Heyoka, die bei der Veränderung von Wetter wirkt. Warum das
so ist, kann ich nur vermuten. Ich glaube, es ist Ausgleich
und zugleich Folge der einen, konzentrierten absoluten
Macht, die eben auch zerstörerisch wirken kann. Für die
Lakota steht beispielsweise fest, dass es Heyoka-Energie
war, die uns Menschen durch den Blitz das wärmende
Feuer brachte; ein Blitz aber kann auch töten, er kann
verheerende Brände verursachen. Wenn bei Zeremoni-
en Wetteränderungen herbeigebetet werden, ist stets
die Energie von Heyoka im Spiel, und der betreffende
Medizinmann wird, selbst wenn er zum Zeitpunkt des
Gebetes nicht oder nicht mehr Heyoka ist, auch die spirituelle Legitimation besitzen, diese Kräfte anzurufen.

DER HIMMEL GIBT UNS ZEICHEN

Nach der Initiation bei den Lakota, beim Treffen der
Pfeifenträger im Jahr 1997, kniete ich mich hin und betete. Der Himmel war ein einziges Grau, dicke Wolken einer
geschlossenen Wolkendecke. Ich sagte: „Wenn das alles so
ist, wenn ich Heyoka bin, wenn alles stimmt, was ich gelernt und erlebt habe – dann gib mir ein Zeichen. Dann
sollen die Wolken aufgehen, bitte." Die Wolken begann-
nen sich in der Mitte langsam zu lösen, wurden rosa, und
schemenhaft schimmerte ein Stück Regenbogen durch.

Zwei Jahre später habe ich es noch einmal versucht,
nämlich als ich wissen wollte, ob wirklich Ptesan Win,
die Weiße Büffelkalbfrau, zu mir gesprochen hatte. Die-

ses Mal ging in der Ferne in einem Wolkenhimmel ein Regenbogenstück so breit wie eine zehnspurige Autobahn auf, obwohl die Sonne nicht schien und es nicht regnete. Auch dieser Regenbogen verschwand wieder, als ich aufhörte zu beten. Ich habe das danach nie wieder probiert – außer in zwei Notsituationen; beide Male hatte ich „Glück". Man soll nichts herausfordern: Heyoka spirits lassen nicht mit sich spaßen.

Nach vielen Jahren habe ich in einem Gespräch mit einem Freund erfahren, dass er ähnliche Erlebnisse hatte. Auch er ist auf dem Weg der Lakota, und auf seinem Tipi ist ein Viertelausschnitt eines doppelten Regenbogens zu sehen. Als er beim Sonnentanz sein Gebet gesprochen hatte, erschien direkt über ihm genau dieses Bild eines Viertels eines doppelten Regenbogens – ohne Wolken, ohne Regen.

Bei einem Pipeholder-Treffen 1999 saßen wir in einer Gruppe von etwa zwanzig Leuten zusammen in einer Scheune, etwa fünfzehn Meter lang und sieben Meter breit. Links war ein Tor, und rechts war ein Tor – und genau über uns bildete sich eine Wetterscheide. Schaute man links hinaus, war dort ein windstiller, ruhiger, schöner und wolkenfreier Sommersonnentag; blickte man nach rechts hinaus, tobte ein Sturm mit Wolken, Hagel und Kälte. Im Grunde ist solch eine Wetterlage unmöglich. Aber wir alle haben es gesehen, wir alle haben es erlebt.

DAS LESEN UND SCHIEBEN DER WOLKEN

Es gibt ein altes indianisches Lied, das vom Heyoka und der kleinen Wolke erzählt: Wenn der Heyoka auf dem

Tanzplatz ist und es extrem heiß ist (im Sommer werden in Süd-Dakota durchaus Temperaturen über vierzig Grad erreicht), dann kommt – wenn der Heyoka willkommen ist – eine kleine Wolke, die sich immer wieder vor die Sonne schiebt. Nur diese eine Wolke, die ein genau begrenztes Halbdunkel wirft. Sie spendet den Sonnentänzern das Mindestmaß an Schatten. Das ist kein Märchen, sondern dem ist wirklich so. Es kann hundertfach von Teilnehmern an Sonnentänzen bezeugt werden. An diesem Beispiel sehen wir, wie spirituell weit gegangene Menschen mit dem sichtbaren Himmel eins werden können.

Wenn wir in den Himmel schauen, dann sehen wir wohl meist nichts Besonderes. Wirklich spirituelle Zeichen sind selten; nur manchmal zeigen die Wolken Formen, die genau auf bestimmte Begebenheiten hinweisen. Ich habe es mittlerweile dreißig oder vierzig Mal erlebt. Als ich beispielsweise mit einer Bekannten durch die Black Hills fuhr, unterhielten wir uns über Crazy Horse und Indianer. Plötzlich entdeckten wir ein Schild am Straßenrand: „Don't forget your dream." – „Vergiss deinen Traum nicht." Und am Himmel darüber bildeten die Wolken die Silhouette des Crazy Horse Memorial so genau nach, dass wir beide es sofort identifiziert haben.

Der Vater von Archie Fire Lame Deer, John Fire Lame Deer, dessen Buch „Seeker of Visions" berühmt wurde und das zur Standardliteratur in manch ethnologischer Fakultät gehört, war ein Experte für kleine meteorologische Interventionen. Brauchte man für einen Sonnentanz oder eine bestimmte Zeremonie Sonnenschein, setzte sich John Fire Lame Deer hin, betete und rauchte seine Pfeife, und in kürzester Zeit zogen die Wolken ab. Er tat so etwas nicht nur einmal, für ihn war es quasi Routine. So ist es im Buch von Archie beschrieben. Es scheint mir so, dass es nicht zutreffend ist, davon zu sprechen, das Wetter zu „machen". Sondern man bittet darum, dass sich ein Wetter ändert.

HEYOKA SIND BLITZ- UND DONNERTRÄUMER

Heyoka sind Blitz- und Donnerträumer, sie stehen in enger Beziehung mit Wakinyan Wakan, dem „Donnervogel". Die Gewalt von Blitz und Donner ist in den Augen der Lakota nach dem Großen Geist die zweitstärkste Macht im Universum. Träume von Blitzen sind immer bedeutsam. Crazy Horse etwa sah in seiner Vision Symbole des Blitzes in Form von den Zick-Zack-Mustern. Von solchen Wetterphänomenen berichten alle Lakota, viele haben sie selbst erlebt.

Von einer alten Freundin aus der Lakota-Szene habe ich einmal gehört, dass es pro Tag weltweit eine riesengroße Anzahl von Blitzen gäbe. Unerklärlicherweise – so hatte sie in einer Radiomeldung gehört – habe sich an einem bestimmten Tag diese Zahl verachtfacht. Das sei genau der Tag gewesen, an dem beim Sonnentanz bei Archie Fire Lame Deer die Heyoka den Tanzplatz betraten. Nur Insider bei den Lakota wissen über diese zeitliche Parallele. Ich habe im Jahr 2006 (und später noch einmal 2012) daraufhin genauer recherchiert, und zwar beim Deutschen Wetterdienst, bei einem Herrn, der im Global Precipitation Climatology Centre verantwortlich tätig ist. Ihm danke ich für die folgenden Ausführungen (2006).

Demnach ist in Deutschland und Europa erst vor wenigen Jahren ein Gerät zur Blitzzählung eingeführt worden, und solche Zählungen werden außerdem nur regional ausgewiesen. Der Meteorologe erläuterte mir, dass man genau definieren müsse, um welche Blitze es sich handelt. Es gebe Blitze, die zu Boden gehen, aber auch Blitze innerhalb der Wolken und solche Richtung Universum, also nach oben. Er verwies mich auf einen Link im Internet zum U.S. National Lightning Detection Network. Dort entdeckte ich, dass es bis zum März 2000 schon ein Gerät und ein Projekt gab, im Spacelab, mit dem die globale Blitztätigkeit beobachtet und gemessen wurde. Da aber selbst von einem Satelliten aus nie die ganze Erdoberfläche gleichzeitig eingesehen werden kann, war das Ergebnis dieser Blitzzählung mehr statistischer Natur. Jedoch gab es schon seit Mitte der 1990er-Jahre in den USA Blitzzählungen und besondere Forschungsbemühungen. Dabei entdeckte man zum Beispiel, dass es Blitze mit positiver Ladung gibt, die die vielfache Wucht der in der Regel negativ geladenen Blitze haben. Auch entdeckte man Mega-Blitze, die sogenannten sprites, die fächerförmig über den Wolken nach oben gehen, sowie die blue jets, die bis zu zehn Kilometer Höhe ins All gehen. Es gibt durchaus seriöse Wissenschaftler, die den Absturz der Columbia-Raumfähre einem Mega-Blitzeinschlag (und nicht einer Beschädigung der Isolation) zuschreiben, der auf einer Fotografie der Columbia beim Eintritt in die Erdatmosphäre zu sehen ist. Die für uns interessanten Daten stehen seitens der NASA leider unter Verschluss.

UNGEWÖHNLICHE BLITZE IN
UNGEWÖHNLICHEN SITUATIONEN

Meine Berufung zum Heyoka im Jahr 1997 wurde durch einen Blitz ausgelöst, der „technisch" im Grunde unmöglich war. Ich hatte eines Nachts eine hitzige, in diesem Moment lebenswichtige Diskussion mit jemandem, der etwas nicht beantworten wollte. Plötzlich gab es am Himmel einen Querblitz, der in einer Kugelform begann und sich dann wie schmale Speerspitzen nach rechts und links über die ganze Himmelsbreite erstreckte. Glücklicherweise wurden wir nicht geblendet, denn ein schwarzes, leichtes Stoffrollo verdeckte das Fenster. Aber wir konnten den Blitz beide deutlichst in Erdnähe sehen. Dann offenbarte die Person ihr Geheimnis. Als ich dieses Erlebnis Archie Fire Lame Deer berichtete, nickte er und wusste, dass ich wohl nun so weit sei, den Weg des Heyoka zu gehen.

Ein zweites Mal sah ich einen ungewöhnlichen Blitz, als ich mich im selben Jahr intensiv mit der Biografie von Crazy Horse beschäftigte. Seine Geschichte empfand ich als erschütternd, ich suchte damals noch nach meiner Verbindung in die indianische Welt. Die Ereignisse von 1988, die Rückkehr von Crazy Horse, hatte ich zu diesem Zeitpunkt noch gar nicht ganz verstanden. Ein Gewitter kam näher und näher, Blitze zuckten über den Himmel, Donner grollte. Aber es regnete nicht. Dann plötzlich drei gewaltige Blitzschläge. In Gedanken ging ich verschiedene Personen durch: Erst dachte ich an irgendeinen Indianer, dann an Archie – und der Blitz wurde größer. Als ich dann noch an Crazy Horse dachte, im Sinne eines geistigen Vaters, tat sich der komplette

Nachthimmel wie bei einer Fotolinse in der Mitte auf. Erst war nur ein gerader Strich zu sehen, dann wurde der ganze Himmel weiß, schloss sich schnell wieder und wurde wieder schwarz. Das Gewitter hatte sich plötzlich verzogen. Ein Bekannter aus meinem Wohnort, der ein paar Kilometer weiter entfernt war, erzählte mir später, er habe dieses Phänomen ebenfalls gesehen.

SONNENWUNDER UND REGENBOGEN

Die besondere Beziehung der Lakota zum Wetter zeigen auch verschiedene Sonnenwunder, die ich selbst erlebt habe. 1997 traf sich eine Gruppe von etwa sechzig Leuten, um in Südfrankreich eine viertägige Pfeifenzeremonie nach alter Tradition durchzuführen, und zwar unter der Leitung von Archie Fire Lame Deer. Eine solche Zeremonie muss an einem bestimmten Ort durchgeführt werden, um den Platz für einen Sonnentanz vorzubereiten. Geplant war damals der erste Sonnentanz in Europa, der nach der alten Lakota-Tradition durchgeführt werden sollte. Zuvor hatte es schon abgeänderte Formen des Sonnentanzes gegeben, diese waren jedoch bei den traditionellen Stammesvertretern nicht anerkannt worden.

Wir hatten das Schlussgebet der vorbereitenden Pfeifenzeremonie gesprochen, da bildete sich an diesem strahlend blauen, wolkenlosen Sommertag um die hoch über dem Platz stehende Sonne ein perfekt runder, geschlossener Regenbogen. Üblicherweise bildet sich ein Regenbogen ja durch Lichtbrechung und in einiger Entfernung zur Sonne. Doch dieser hier war ungewöhnlich: Er stand recht eng um die Sonne, breit und farbenprächtig. Nach dem Regenbogen, der einige Minuten sichtbar blieb, nachdem er noch von einem zweiten, äußeren Regenbogen begleitet wurde (der zweite allerdings war nicht kreisrund geschlossen beziehungsweise von kleinen Wölkchen unterbrochen), löste sich alles wieder auf. Die Sonne strahlte weiter von einem wolkenlosen Himmel.

Das Schlussgebet bei diesem Treffen galt der Bitte um die Heilung der schon damals deutlich erkennbaren Umweltprobleme, wir beteten für Mutter Erde. Nicht nur ich, alle Anwesenden waren durch diese direkte „Antwort aus dem Himmel" auf unser Gebet für Mutter Erde auf das Tiefste beeindruckt. Ich kniete nieder. Selbst wenn dieser Regenbogen, der sich sehr schnell sogar bis in die USA herumgesprochen hatte, vielleicht nur meteorologischer „Zufall" gewesen sein sollte, wie Skeptiker sicher sagen werden: Wenn man so etwas selbst erlebt, im direkten Zusammenhang mit einer Zeremonie, fällt es schwer, an einen Zufall zu glauben. Man empfindet es einfach nur als wundervoll, solch ein Zeichen als Antwort auf eine große Bitte zu erhalten. Dient es dazu, den Glauben daran, das schier Unmögliche erreichen zu können, zu unterstützen – umso besser.

Als man Archie Lame Deer, der während des Regenbogens im Haus war, davon berichtete, lief der noch nicht mal begeistert nach draußen, um ihn zu sehen. Er meinte nur: „Oh yeah? So she is still here." Er meinte damit die Weiße Büffelkalbfrau, die Götterbotin der Lakota. Er ist ihr, wie man in seinem Buch nachlesen kann, mehr als einmal begegnet. Sie hat immer Zeichen hinterlassen. Die gelassene Reaktion von Archie Lame Deer zeigt einmal mehr, dass die Lakota die Kommunikation mit dem Himmel und mit Geistwesen für nichts Außergewöhnliches halten. Für sie ist es eine Selbstverständlichkeit, dass spirituelle Kräfte solch ein Ereignis hervorrufen. Ihre Verbundenheit mit der Natur und Wetterphänomenen ist eine seit vielen Generationen gelebte Selbstverständlichkeit, die wir erst begreifen und erlernen müssen.

REGENBÖGEN ALS BESONDERE HINWEISE?

Ich bin der Sache auf den Grund gegangen und habe festgestellt, dass dieses wenn auch eher seltene Phänomen in der Meteorologie durchaus bekannt und wissenschaftlich erklärbar ist: Unter bestimmten Umständen, wenn die Sonne besonders hoch am Himmel steht und eine gewisse Luftfeuchtigkeit herrscht, kann solch ein runder Regenbogen auch ohne Niederschlag und um die Sonne herum auftreten. Aber diese Regenbögen sind dünner und stehen nicht so nahe an der Sonne. Auch sie sind sehr selten – so selten wie ein Wunder. Wir alle nahmen es als Wunder wahr, als Antwort auf unsere Gebete. Als Zeichen des Himmels, dass unsere Bitten für Mutter Erde „angekommen" waren.

Meine Recherchen haben ergeben, dass die derzeit aktuellen Berichte der wenigen runden Regenbögen interessanterweise zuletzt ebenfalls mit einer Konferenz für die Natur einhergehen: Am 3. Februar 2010 beispielsweise zeigte sich ein kreisrunder Regenbogen während einer Konferenz des Internationalen Dialogs in Malaysia – und auch dort hat so mancher Teilnehmer dies als „Mahnzeichen der Natur gesehen". Und als der 16. Karmapa, Rangjung Rigpe Dorje, 1981 in den USA starb, warf die Sonne während seiner Bestattungszeremonie einen runden Regenbogen um sich. Dafür gibt es mehr als 300 Zeugen.

WAS DIE RÜCKKEHR VON CRAZY HORSE FÜR UNS KONKRET BEDEUTET

1988 ist der große Häuptling Tashunka Witko, den fast alle nur unter seinem englischen Namen Crazy Horse kennen, wiedergekehrt – 111 Jahre nach seinem Tod. Mit seiner Rückkehr schließt er Frieden mit dem weißen Mann; er zeigt uns Geheimnisse der Lakota. Er rehabilitiert die Heyoka und damit alle, die anders sind als die Konventionen. Er zeigt damit, dass wir eine Chance haben, und es ist an mir, davon zu berichten.

Unser ökologisches Problem ist immens: Die Gletscher schmelzen immer schneller, das Ozonloch ist uns so vertraut, dass es kaum noch in unserem Themenspektrum vorkommt, und wenn der Wald nur noch zu vierzig statt zu sechzig Prozent stirbt, werten wir das als Erfolg. Der Regenwald wird weiter munter abgeholzt. Man muss kein Schwarzseher sein, um ein mulmiges Gefühl zu haben. Viele, sehr viele Menschen machen sich Gedanken darüber und wollen Abhilfe. Wenn schon nicht uns selbst, sind wir es zumindest den folgenden Generationen schuldig, den Klimawandel in den Griff zu bekommen und einen lebenswerten Planeten zu hinterlassen.

Fragen wir die Lakota, was hinter allen Dingen steht und wie die Realität konstruiert ist. Nehmen wir ihren Weg an, der uns eine neue Welt im besseren ökologischen Gleichgewicht bringen wird. Wenn irgendjemand auf dieser Welt weiß, was die Dinge im Innersten zusammenhält, sind es die Lakota. Die sogenannte Zivilisation hat bei diesem Volk schlimme Spuren hinterlassen, hat letztendlich auf unserer gesamten Erde zu immensen Umweltschäden geführt. Crazy Horse hat mit seiner Rückkehr gezeigt, dass die indianische Seite uns die Hand reicht – zu spiritueller Versöhnung, bevor es für uns alle zu spät ist. Vielleicht müssen wir dort, bei den Lakota, wieder etwas gutmachen, damit wir den Frieden mit der Natur finden können? Arvol Looking Horse ist Hüter der Heiligen Pfeife in der 19. Generation. Die Weiße Büffelkalbfrau hat vorhergesagt, dass sie wiederkommen wird. Die Zeichen mehren sich, dass es schon so weit ist und wir vor einer Wende stehen.

Die Lakota haben immer im Einklang mit der Natur, mit dem Universum gelebt. Sie wussten immer, dass alles eins und eines alles ist. Dass man zusammenstehen muss, um etwas zu erreichen. Dass man niemals aufgeben darf. Hören wir auf die indianischen Lehren und nehmen wir die Weisheit der Lakota an. Selbst wenn sie als Volk, als Indianernation immer weniger werden: Ich bin sicher, dass die Lakota und ihre Gedankenwelt weiterbestehen. Vielleicht geht ein kleiner Teil Lakota in uns alle über – und dieses Volk lebt dadurch weiter.

*Die Menschen haben
es in der Hand, dass
die Erde nicht zur
Wüste wird.*

WO WIR HEUTE STEHEN

Ob Jahrtausendwechsel oder „magisches Datum" im Maya-Kalender – die Medien überschlagen sich gerne mit Schreckensszenarien: Im Jahr 1999 gab es die Prognose, dass der Wechsel ins Jahr 2000 vor allem wegen veralteter PC-Programme Katastrophen verursachen würde. Alles in unserer westlichen Welt, die ohne Computer ja praktisch nicht funktioniert, bräche zusammen; weltweit käme es zu Flugzeugabstürzen; die Strom-, Wasser- und Gasversorgung würde ebenso kollabieren wie die Wirtschaft in Folge eines globalen Bankencrashs. Jeder Einzelne sei betroffen, denn in jedem Haushalt seien ja computer- oder chipgesteuerte Geräte und Fahrzeuge vorhanden. Passiert ist nichts von alledem. Zwölf Jahre später spielten die Medien Ähnliches durch mit Berichten über den „Weltuntergangstermin" 21. Dezember 2012. Je näher der Termin rückte, umso hysterischer wechselten sich wissenschaftliche Erklärungen ab mit Berichten über Hamsterkäufe und Endzeitfeiern. Auch hier geschah – nichts.

MEDIALE PANIKMACHE
ODER REALE GEFAHR?

Diese beiden genannten Endzeitszenarien sind nur die „Höhepunkte" eines medialen Trommelfeuers von Katastrophennachrichten. Gerade beim Thema Umwelt gibt es das schon recht lange. Schade daran ist, dass wir dadurch abstumpfen, obwohl die realen Gefahren mehr denn je vorhanden sind. Es gibt den sauren Regen, der unsere Wälder vernichtet. Das Ozonloch ist vorhanden genauso wie abschmelzende Gletscher, die drastische Abnahme der Eismassen in der Arktis, der auftauende Permafrostboden. Unsere Flüsse und Seen sind verschmutzt, ja vergiftet – selbst wenn sich da in manchen Regionen der Erde, etwa in Deutschland, eine Menge positiv verändert hat. Aber es kommt wiederholt zur Ölpest an den Küsten. Immer häufiger treten Naturereignisse auf wie Dürre und Überflutung, Hurrikans und Blizzards, Erdbeben und Tsunamis. Tag für Tag lesen wir im Internet und sehen wir im Fernsehen so viele solcher Ereignisse, dass wir kaum mehr hinhören. Das gilt vor allem dann, wenn sie nicht in unserer unmittelbaren Region geschehen. Die große Flut im Frühjahr 2013 in Süd- und Ostdeutschland: Die betrifft uns direkt, da machen wir uns, zumindest für ein paar Stunden oder Tage, Gedanken, selbst wenn wir nicht direkt im Hochwassergebiet leben. Aber schnell gerät auch dies wieder in Vergessenheit – bis zum nächsten Mal.

Worüber wir uns jedoch stets ereifern, ist das „schlechte" Wetter: zu nass, zu trocken, zu heiß, zu kalt – irgendwie scheint es so, dass es „früher" besser war.

Und wer genau hinsieht, wer sich loslöst von medialer Panikmache, wird Erschreckendes feststellen: Zwar war früher nicht „alles besser", aber die Häufung gerade klimatischer und meteorologischer Kapriolen ist enorm. Der Klimawandel ist längst da, und wir sind

DAS STERBEN DER ARTEN

Die Zerstörung von Lebensräumen, aber auch Übernutzung, Überdüngung und Klimawandel sorgen dafür, dass immer mehr Tier- und Pflanzenarten auf der Roten Liste der weltweit bedrohten Tiere und Pflanzen stehen. Im Juli 2013 wurde von der Weltnaturschutzunion (IUCN), die die aktuelle Rote Liste vorstellte, knapp ein Drittel aller 70.294 untersuchten Arten, nämlich 20.934, als gefährdet gelistet. Da insgesamt jedoch nur ein Bruchteil der bereits bekannten Arten überhaupt bewertet wurde, dürften die tatsächlichen Zahlen weitaus höher liegen.

Der Verlust der Artenvielfalt stellt eine der schlimmsten Katastrophen auf diesem Planeten dar. Von den bisher wohl zehn bis 100 Millionen weltweit existierenden Tier- und Pflanzenarten wurden bisher nur etwa zwei Millionen beschrieben. Die meisten Arten sind somit bis heute noch völlig unbekannt – umso schlimmer ist, dass mehrere tausend Tier- und Pflanzenarten jährlich für immer von der Erde verschwinden.

Zu den vom Aussterben bedrohten Arten gehören u. a. Gorillas, Jangtse-Schweinswale und die kalifornischen Monterey-Kiefern.

direkt konfrontiert mit der Tatsache, dass unsere Welt in ihrer jetzigen Form nicht überleben kann und wird. Wir stehen tatsächlich vor einem globalen Problem. Aber anders als unsere Vorfahren müssen wir dieses Schicksal nicht ergeben hinnehmen, sondern können etwas dagegen tun.

Keine kurzfristigen Lösungen sind die Rettung, keine regional begrenzten Aktionen. Sondern nur gemeinsames Handeln von uns allen auf der ganzen Welt.

ENDZEITSZENARIEN IN KULTUR UND RELIGION

Das „Grundmuster" ist bei fast allen Kulturen dasselbe: Zunächst gibt es eine „alte Ordnung", also die bekannte Welt. Sie führt unausweichlich in eine Katastrophe, oft durch den Kampf von Gut gegen Böse. Durch die Überwindung des Entsetzens und damit das Überleben tritt man in eine „neue Ordnung" ein, eine unbekannte, aber stets bessere Welt. Das sagt zumindest die Lehre fast aller Religionen.

DER „LINEARE WELTUNTERGANG"

In religiösen Szenarien gibt es meist einen „linearen Weltuntergang", der eine Art „Gleichung" darstellt: Anfang und Ende, Alpha und Omega im antiken Griechenland, das A und O im Christentum – alles läuft darauf hinaus, dass der Anfang bereits das Ende beinhaltet, dass das Ende immer auch ein Anfang ist. Im Christentum ist das genauso wie auch im Islam und im jüdischen Glauben verankert.

▸ Im Neuen Testament ist es die „Offenbarung des Johannes", die eine genaue Beschreibung der Apokalypse enthält und auf das Weltenende hinweist.

▸ Im Islam deuten ein Fünftel der im Koran aufgeschriebenen Offenbarungen auf den Zeitpunkt für den Weltuntergang hin, der von Allah festgesetzt und damit unausweichlich ist. In „der Stunde" wird es einen letzten Kampf zwischen Gut und Böse geben, zwischen Ungläubigen und dem Mahdi als Retter und Befreier.

▸ Im Judentum prophezeite Jeremias im sechsten vor-
christlichen Jahrhundert die spätere Zerstörung des
Tempels in Jerusalem, und das Warten gläubiger Ju-
den auf den Messias ist heute noch gleichzeitig das
Warten auf ein Weltgericht, bei dem Unrechts- und
Gewaltherrschaft abgelöst werden durch ein gerech-
tes Ende unter der Herrschaft Gottes. So beschreibt
es der Prophet Jesaja.

Den festen Glauben an die Apokalypse kennt man bereits in der Antike: im Gilgamesch-Epos von Assyrien und
Babylonien ebenso wie übrigens auch im hohen Norden
Europas, wo man überzeugt davon war, das Schicksal
der Götter – und ihr Untergang – würden sich dereinst
in Ragnarök erfüllen, dem normannischen Weltenende.
Auch die Azteken haben – im Gegensatz zu den Mayas!
– ein lineares Zeitmodell: Fünf Welten gibt es, wir leben
momentan in der fünften, vier sind bereits vergangen,
durch Katastrophen zerstört. Unserer Welt sei dasselbe
Schicksal beschieden: Ein gewaltiges Erdbeben würde
alles zerstören.

DER „EWIGE ZYKLUS":
UNTERGANG UND NEUANFANG

Einen nicht nur einmaligen, sondern stets zyklisch
wiederkehrenden Weltuntergang kennt man in Hinduismus und Buddhismus.

▸ Bei den Hindus wird er mit dem Sanskrit-Wort kalpa
beschrieben und umfasst die Zeitperiode, in der das
Universum entsteht, vergeht und aus dem Urgrund

des kosmischen Ozeans wiederkehrt. Vier Weltzeitalter ergeben bei den Hindus ein „großes Weltzeitalter"
(Mahayuga), tausend Mahayuga sind ein kalpa, und
dieses kalpa wiederum entspricht einem einzigen Tag
Brahmas, einem Göttertag. Am Ende des Göttertags
wird unsere Welt mit dem gesamten Universum untergehen, es schließt sich eine „Götternacht" an, und dann
beginnt der neue Göttertag.

▸ Im Buddhismus geht man ebenfalls von Weltzeitaltern aus, legt deren Dauer allerdings nicht fest. Diese
Zyklen währen ewig – und der Mensch kann ihnen
nur entkommen, wenn er den Zustand der Erleuchtung anstrebt und letztlich auch erreicht: Er geht

ANTIKES GRIECHENLAND UND DIE MAYAKULTUR

Den Glauben an einen Weltzyklus kannte man schon
in manchen Schulen der antiken Philosophie Griechenlands: Die Stoiker etwa glaubten, unsere Welt würde
immer wieder neu geformt, periodisch träten Weltbrände auf, die dafür sorgten, dass es immer wieder zu
Untergang und Neuanfang kam.

Die Mayas, deren Kalender für das Jahr 2012 angeblich den Weltuntergang vorhersagte, kannten ebenfalls ein zyklisches Zeitmodell: Nach einer „Langen
Zählung" (die eben am 21.12.2012 beendet war!) folgte
immer wieder eine neue Epoche. Der Kalender wurde
sozusagen „auf null" gestellt" – kein Ende, sondern
ein Neuanfang.

dann ins Nirwana ein. Er kann aber – so lehrt es der Buddhismus – darauf verzichten und als Bodhisattva anderen Menschen zur Erleuchtung verhelfen.

▸ Die ständige Balance zwischen Gegensätzen ist das Prinzip in der chinesischen Lehre des Taoismus: Yin und Yang bedingen einander, sie sind ohne den jeweiligen Gegenpart unmöglich. Endlos findet Entstehen und Vergehen statt, der Prozess der Schöpfung gleicht dem des Untergangs. Taoisten allerdings kennen kein Weltenende, keine Apokalypse. Das Ende ist mit der „Rückkehr von der Vielheit zur Einheit" gekommen. Ohne Schrecken, als natürliche Ordnung der Dinge.

UND HEUTE?

Alles ist endlich – das wissen wir aus Forschung und Wissenschaft. Die Astronomie lehrt uns, dass die Sonne verglühen wird und das Ende unserer Erde unausweichlich ist. Die Zeiträume, in denen das geschehen wird, sind mit menschlichem Verstand zwar nicht fassbar. Die Angst vor dem Untergang jedoch wohnt in uns allen, selbst wenn wir uns nicht tagtäglich, in jeder Stunde unseres Lebens damit beschäftigen. Da unterscheiden wir uns nicht von unseren nach heutigen Maßstäben wissenschaftlich eher uninformierten Vorfahren, die den Weltuntergang ebenfalls als feststehende Tatsache betrachteten.

Wir geraten zwar bei einer Sonnenfinsternis nicht in Panik, weil wir uns das „Verschwinden" der Sonne wissenschaftlich erklären können und nicht als göttliches Zeichen sehen. Dennoch ist das Weltenende immer präsent: Wir stellen es uns in unterschiedlichster

Weise vor. In der Literatur, in der Mythologie oder im Film lassen wir unsere Fantasie spielen – und in den weitaus meisten Fällen gibt es dabei kein Happy End. Ganz im Gegenteil: Wir haben Angst, dass die Welt, wie wir sie kennen, plötzlich mit einem Paukenschlag vorbei ist. Schriftsteller und Filmemacher zeigen uns das Ende als finalen Atomblitz, als „letzten Krieg", als einen Untergang der Menschheit in weltweit auftretenden Seuchen oder durch eine Umweltkatastrophe gigantischen Ausmaßes. Das ist die eine Seite – die der Fiktion.

STEHEN WIR VOR DER APOKALYPSE?

Auf der anderen Seite gibt es die traurige Realität. Mehr und mehr hat sich in den vergangenen Jahren die Meinung verfestigt, eine Umweltkatastrophe sei so gut wie unabwendbar. Es stehen durchaus Katastrophen „von außen" zur Disposition, etwa ein Meteoriteneinschlag, wie er vor Jahrmillionen stattfand und eine Klimaveränderung auslöste, welche die Dinosaurier ausgelöscht hat. Solch einem kosmischen Brocken können wir nicht ausweichen, da gibt es keine Rettung, und wir können uns auch nicht darauf vorbereiten.

Entscheidender aber für unser Ende sind die „hausgemachten" Ursachen, die alle eines gemein haben: den allzu fahrlässigen Umgang, den wir im Handeln mit der Natur und ihren Ressourcen an den Tag legen. Auch dies kann das Ende der Menschheit und unseres Planeten bedeuten. Unser leichtfertiges Agieren in Sachen Klimaschutz, Abfallbeseitigung, ja selbst in den kleinen Dingen des alltäglichen Konsums macht sich eben nicht nur scheinbar, sondern tatsächlich bemerkbar: Das Klima ändert sich, wir haben in Deutschland an Weihnachten (zuletzt im Jahr 2012) frühlingshafte Temperaturen, während es etwa an der Ostküste der USA zu Winterstürmen und ungewöhnlichen Kälteeinbrüchen kommt. Orkane und Wirbelstürme sind heftiger als je zuvor; ein Vulkanausbruch legte den Flugverkehr in fast der gesamten westlichen Welt auf Tage, ja Wochen lahm. Und während wir im Supermarkt an der „Qual der Wahl" leiden und vor lauter Luxus kaum mehr wissen, was wir kaufen sollen, gibt es einerseits einen Lebensmittelskandal nach dem anderen und andererseits mehr Hunger als je zuvor in der Welt. Auch das ist ein Szenario für den Weltuntergang.

IST ES BEREITS ZU SPÄT?

Immer wieder führe ich Gespräche mit „normalen" Menschen, frage sie, wie sie die Lage sehen, ob sie glauben, dass es mit der Menschheit bald zu Ende gehe. Zwei Aussagen möchte ich herausgreifen. Die erste stammt bereits aus dem Jahr 2007, von einer Praktikantin in einer Unternehmensberatung. Die junge Frau war damals Mitte 20, gebildet, hatte ihren Fachhochschulabschluss in Informatik; sie bezeichnete sich als eher „hedonistisch orientiert". Ihre Antwort: „Die Welt geht in spätestens zwei- bis dreihundert Jahren unter. Aber dann bin ich schon nicht mehr da, und daher ist es mir egal."

Die zweite Meinung ist noch drastischer. Sie stammt vom Marktforschungsdirektor eines der größten Konzerne der Welt. Er ist Diplom-Volkswirt, und nach einer Präsentation in diesem Konzern zum Thema Nachhaltigkeit kam es zum privaten Austausch. Seine Aussage im Frühjahr 2012 lautete beinahe wörtlich so: „Herr Götze, mit dem Professor, bei dem ich meine Diplomarbeit schrieb, habe ich später alles, wirklich alles, von vorne bis hinten analysiert und durchgerechnet. Ich sage Ihnen etwas: Es ist zu spät, die Menschheit hat nicht mehr lange, sie wird von diesem Planeten verschwinden. Sie wird dann nur ein kurzes Intermezzo gewesen sein, und das ist ja vielleicht auch gut so."

Stimmt das wirklich? Ich denke anders darüber, ich bin der festen Überzeugung, dass wir eine Chance haben. Wir müssen sie nur sehen, erkennen und ergreifen.

DIE ÖKOLOGISCHE BEWEGUNG

Trotz allem Pessimismus: Es gibt genug Positives. Nicht nur als Gedankenspielerei, sondern als tatkräftigen Ansatz, den drohenden, von uns selbst verursachten Untergang zu verhindern. Die ökologische Bewegung hat schon in den 70er-Jahren des vergangenen Jahrhunderts begonnen. Es ist vielleicht kein Zufall, dass die Religion der Lakota für beinahe hundert Jahre, bis 1978, verboten blieb (im American Indian Religious Freedom Act wurde ab diesem Zeitpunkt sowohl die Religion selbst als auch ihre praktische Ausübung vor äußeren Eingriffen geschützt). Die Lakota haben ihre eigenen Vorstellungen zum Umgang mit der Natur, zum Leben im Einklang mit ihr. Interessanterweise decken sich diese nicht nur mit zahlreichen philosophischen und religiösen Ansätzen anderer Kulturen – sie lassen sich ohne Abstriche auf unser „modernes" Leben übertragen.

IMMER WEITER, IMMER SCHNELLER, IMMER MEHR...

Eine grobe Übersicht unserer Chronologie der Zivilisation (soweit sie exakt benennbar ist) zeigt an, dass wir in der Gesamtheit wenig Rücksicht auf die Natur nehmen. Zumindest nicht mehr in den vergangenen zwei-, dreihundert Jahren. Dazu kommt ein rasanter Anstieg der Bevölkerungszahl, der sich seit den Zeiten der Industrialisierung immer gravierender darstellt. Allein im zwanzigsten Jahrhundert hat sich die Weltbevölkerung vervierfacht.

Früher waren es eher „Einzelfälle" – etwa wenn die Römer in Spanien in großem Ausmaß Holz für den Schiffsbau fällen ließen. Man wusste nicht, welche Auswirkungen dies auf das ökologische System hat. Und man ahnte sicher nicht, dass die Folgen so schlimm sein würden, dass noch heute – mehr als zweitausend Jahre später – die Spuren im Mittelmeerraum sichtbar und nur schwer zu restaurieren sind. Diese Ausrede haben wir heute nicht mehr. Dennoch betreiben wir gewaltigen Raubbau an der Natur – und zwar auf dem ganzen Globus. Aus allem wollen wir möglichst große Vorteile ziehen. Nicht unbedingt wirtschaftlichen Profit; oft geht es auch um Macht und Politik.

VON DER STEINZEIT BIS INS INDUSTRIEZEITALTER

Um 10000 v. Chr. gibt es – so schätzen Archäologen und Anthropologen – eine Weltbevölkerung von bis zu zehn Millionen Menschen.

Über die Mittelsteinzeit um 7000 v. Chr. geht die Entwicklung zur Jungsteinzeit mit dem Neandertaler. Es kommt zum ersten Ackerbau.

Um 3500 benutzen die Sumerer die Töpferscheibe und entwickeln die Keilschrift, 500 Jahre später das Rad. Ab etwa 2900 kommen in der frühen Bronzezeit in Kleinasien Zinn und die Axt hinzu.

Um 2500 v. Chr. bauen die Menschen der Sage nach das erste Hochhaus in Babel. Kein Mythos sind die Pyramiden von Gizeh – sie stehen noch heute. Um 1600 v. Chr. gibt es im heutigen Norden Syriens die erste nord-semitische Buchstabenschrift und um 1000 v. Chr. schließlich die griechische. Aristoteles beschreibt um 330 v. Chr. Flaschenzug und Kurbel.

Im Jahre null wird die Menschheit auf 300 Millionen Menschen geschätzt.

Die Menschen bauen Schiffe – so groß und so perfekt, dass sie die Meere erobern können. Um 1000 n. Chr. betritt Leif Erikson als erster Europäer Amerika, in Neufundland.

1445 gelingt Johannes Gutenberg mit dem Buchdruck eine Erfindung, die in der kulturellen Entwicklung unzweifelhaft ein Katalysator besonderen Ausmaßes ist.

Nach der Erforschung des Seewegs nach Indien durch Vasco da Gama ab 1483 und schließlich der endgültigen Entdeckung Amerikas durch Christoph Kolumbus folgt Fernando Magellan mit der ersten Weltumsegelung 1519 bis 1522.

Isaac Newtons Entdeckung des Gravitationsgesetzes 1686 wird schließlich der Urbeginn des Industriezeitalters zugeordnet. Um 1750 erfindet Benjamin Franklin den Blitzableiter. James Watt ersinnt 1765 die Dampfmaschine und es folgt das Zeitalter der Entdeckungen durch James Cook, der die letzten „unbekannten" Flecken der Erde in Landkarten zu erfassen beginnt. 1783 verwirklichen die Gebrüder Montgolfier mit dem ersten Heißluftballon den Traum vom Fliegen.

1804 beträgt die Weltbevölkerung 1 Milliarde Menschen.

Trotz Schiffsbau und Kanonen, trotz Buchdruck und Fernrohr, ja sogar trotz Dampfmaschine und Blitzableiter ist die ökologische Welt bis dato noch in Ordnung.

1859 bohrt Edwin Drake in Pennsylvania zum ersten Mal mit einer dampfbetriebenen Holzkonstruktion nach Öl. 1876 bereichert uns Alexander Graham Bell um das Telefon und Nicolaus Otto erfindet den Verbrennungsmotor.

Thomas Alva Edison erfindet schließlich 1877, genau zu dem Zeitpunkt, ab dem den Indianern ihre Gesänge offiziell verboten werden, den künstlichen Tonträger. 1888 steuert Heinrich Hertz die Entdeckung der Radiowellen bei. 1895 kommt Wilhelm Conrad Röntgen auf die gleichnamigen Strahlen, ab 1895 funktioniert die drahtlose Telegrafie.

Albert Einstein entwickelt 1905 und 1916 seine Relativitätstheorien.

1927 beträgt die Weltbevölkerung zwei Milliarden Menschen.

Die Uranspaltung von 1938 durch Otto Hahn und der erste Computer von Konrad Zuse 1941 dürfen als weitere

Meilensteine der technischen Entwicklung angesehen werden. Uran ist für die Indianer ein Heyoka-Metall.

1953 beschreiben James Watson und Francis Crick die Struktur des menschlichen Erbgutes. Die Helix-Form der DNA sieht aus wie der Stiel der Conjure Pipe.

1960 beträgt die Weltbevölkerung drei Milliarden Menschen.

1969 betritt Neil Armstrong als erster Mensch den Mond, und das Arpanet, der Vorgänger des heutigen Internets, wird eingerichtet.

1974 beträgt die Weltbevölkerung vier Milliarden Menschen.

Radioteleskope folgen, zum Beispiel 1972 in Effelsberg, und die Raumsonden Voyager starten 1977.

1987 beträgt die Weltbevölkerung fünf Milliarden Menschen.

1999 beträgt die Weltbevölkerung sechs Milliarden Menschen.

2011 beträgt die Weltbevölkerung sieben Milliarden Menschen.

Es ist offensichtlich: Seit dem Zeitpunkt der Verwertung von Öl und elektrischer Energie stürzen wir uns in vorher nie dagewesener Eile auf alles, was letztendlich zur Klimakatastrophe führt.

DER BEGINN DES KLIMAWANDELS

Ab der Mitte des 19. Jahrhunderts kommt es also zu den Erfindungen, die den Klimawandel erst wirklich in Gang gebracht haben. Man mag es für Zufall halten, dass diese Erfindungen historisch mit der endgültigen Niederschlagung der letzten freien Naturvölker zusammenfallen. Man könnte sagen, es war die Überlegenheit der Waffen, die die Indianer zu Fall brachte, und es war die Überzahl des weißen Mannes, der sich eben wegen seiner gesamten Errungenschaften so stark vermehrte. Die Frage ist allerdings: Warum vermehrten sich die Indianer nicht so stark und blieben in ihrer Anzahl im ökologischen Gleichgewicht? Sie lebten doch in einem Schlaraffenland, einem wahren Paradies. Alles, was sie zum Leben brauchten, war – bevor der weiße Mann kam – im Überfluss vorhanden.

DER GROSSE UNTERSCHIED: LAKOTA-GLAUBE UND CHRISTENTUM

In Bezug auf die Auffassung des Umgangs mit der Natur blieb bei den Lakota stets alles beim Alten. „Honor the Elder" – „Ehre die Ältesten" ist ein Leitspruch, den die Lakota nicht nur menschlich auslegen und leben, sondern auch auf das bereits Da-Seiende beziehen. Man könnte also sagen: „Ehre und bewahre das, was vorhanden ist." Alle Pflanzen, Tiere und Menschen sind Teil der heiligen Schöpfung. Außer dass man sich zum Essen, Trinken und Leben nimmt, was man braucht, wird die Natur nicht angetastet, sondern als unendlicher Reichtum an Wahrheit und Ressourcen angesehen, der größer ist als der Mensch selbst. Die Bibel dagegen gibt uns den Auftrag: „Macht euch die Erde untertan." Wir vermehren uns quasi wie die Karnickel. Heute sind wir bereits mehr als sieben Milliarden Menschen auf der Erde; wohl der fast kleinste Anteil daran sind die restlichen Indianer Nordamerikas.

Die industrielle Entwicklung ist mit dem Schicksal der Indianer verquickt, die Parallelen dazu stehen im Raum, sie lassen sich nicht wegdiskutieren. Selbst wenn es die Summe all unserer Erfindungen gewesen sein sollte, die zu unserem aktuellen Problem führte, scheinen die Industrialisierungen von Öl und Strom die Hauptgefahren zu sein. Erdöl als abgelagerter, „toter" Stoff und Elektrizität, die in alten Zeiten dem Himmel vorbehalten war, gehen nicht zusammen mit einem neuen Weltbild. Genau deshalb müssen wir endlich lernen, anders mit diesen beiden Dingen umzugehen. Behutsam und achtsam – und nicht ohne Rücksicht auf Verluste.

CHRISTUS UND CRAZY HORSE

Unsere Zivilisation mit der Entwicklung der modernen Industrienationen fußt weitgehend auf der erfolgreichen Verbreitung des Christentums. Es gibt einige Parallelen, aber auch Gegensätze zwischen Jesus Christus und Crazy Horse. Selbstverständlich liegt es mir fern, den christlichen Gottessohn in der besonderen Dimension seines Leides und seiner geschichtlichen Position schmälern zu wollen.

▸ Jesus Christus starb in etwa dem gleichen Alter wie Crazy Horse, etwa mit 35. Auch er wurde von seinen eigenen Leuten verraten und in die Hände von Besatzern getrieben.

▸ Beide haben kein Grab. Für die Christen ist Jesus auferstanden, für die Zweifler ist die Stelle der Bestattung „nicht erwiesen". Dass über das Grab von Crazy

Horse nichts bekannt ist, wissen nicht so viele. Sein Vater und dessen neue Frau schafften den Leichnam weg und verrieten nie, wo er bestattet wurde. Sein Herz soll angeblich an einem geheim gehaltenen Platz in der Nähe des Wounded Knee begraben sein. Wobei Insider der Meinung sind, dies würde allen Bestattungsriten der Lakota widersprechen. Crazy Horse selbst hatte kurz vor seinem Tod die Anweisung gegeben, man müsse ihn im Falle seiner Tötung rot anmalen und in Wasser tauchen, dann würde er wieder belebt (dokumentiert im Buch „To kill an Eagle" von Kadlecek). Geschähe dies nicht, würden seine Gebeine zwar zerfallen, aber er müsste dann bis auf Weiteres als Geist umherwandeln.

▶ Beide waren großartige „Querköpfe", die ihren eigenen Zugang zu Gott hatten. Jesus wirkte Wunder, die uns heute unfassbar scheinen. Die Lakota haben solche Kräfte nicht minder. Jesus Christus gilt den Lakota als großer Medizinmann, ja sogar Heyoka.

▶ Beide haben ihr Heimatland nie verlassen, hatten einen kleinen Radius; beide lebten um ihren Geburtsort herum und reisten nur kurze Strecken. Sie dachten im modernen Sinne ökologisch ...

Ich kann mir nicht vorstellen, dass beide Männer, hätten sie sich je getroffen, ein Problem miteinander gehabt hätten. Leider jedoch hatten es ihre Anhänger. Die Indianer wurden auch im Namen von Jesus Christus ausgerottet. Ich glaube nicht, dass das unserem Gottessohn gut gefällt. Als Gegensatz bleibt fast nur noch eines übrig:

- Der eine, Jesus, hat es mit der Liebe und passivem Widerstand versucht.
- Der andere, Crazy Horse, hat gekämpft – für seine Lieben und um die nach seiner Ansicht größere Weisheit der Natur zu schützen.

Beide Ansätze haben bislang nicht dazu gereicht, das ökologische Problem zu verhindern.

Wir hoffen aber trotzdem auf ein Weiterbestehen – heute mehr denn je, in einer Zeit, in der uns Religion kaum zur Seite steht, in der wir Suchende sind; in der wir hoffen, uns das Leben so einzurichten, dass wir überleben werden – wenn nicht körperlich, dann wenigstens geistig. Wenn nicht als Individuum, dann wenigstens im gemeinsamen Denken und Handeln für eine bessere Welt.

UMWELTSCHUTZ
IN DER WIRTSCHAFT

Es fing, wie so oft, im Kleinen an. In den 1970er-Jahren entwickelte sich langsam das Bewusstsein für unsere Umwelt. Die ersten Verfechter wurden anfangs in die Ecke von Spinnern gestellt, doch mehr und mehr Menschen erkannten, dass die großen Umweltprobleme nicht einfach von der Hand zu weisen waren. Jeder sah, dass wir aus Flüssen nicht mehr trinken konnten – das galt als „Normalfall". 1969 kam es zu einer schon lange in Vergessenheit geratenen Katastrophe: Der Sauerstoffgehalt des Rheins fiel auf null ab. Die Folge: Etliche Tausend Tonnen Fische starben, zwei Tage lang war Deutschlands größter Strom in seinem romantischsten Teil, zwischen Mainz und Koblenz, ein Massengrab. Das sollte – bis weit in die 80er-Jahre hinein – kein Einzelfall bleiben. Die Elbe etwa galt vor zwanzig bis dreißig Jahren als schmutzigster Fluss in Europa. Und es dauerte mehr als 30 Jahre, bis der Rhein wieder einigermaßen sauber war.

Heute, im dritten Jahrtausend, im Jahr 2013, feiern wir jährlich in vielen Städten Flussbadetage – in dieser Beziehung hat sich also eine ganze Menge getan. Den ersten Flussbadetag auf europäischer Ebene gab es am 17. Juli 2005: den „Big Jump". Die Menschen sind aufgewacht, haben gegen die Verschmutzungen protestiert und sich gegen die Industriekonzerne gewehrt. Man kann manche ökologischen Probleme also durchaus lösen – relativ schnell, relativ unbürokratisch. Die größte Hürde ist nach wie vor, dass sich alle Länder gemeinsam moderne Umwelttechniken aneignen und umsetzen. Erst dann kommt es zu einem solch positiven Ergebnis wie an der Elbe, am Rhein und an anderen Flüssen und Gewässern.

EIN ZAHNARZT ALS VORREITER

Johann Georg Schnitzer machte bereits in den 1960er-Jahren in seiner Praxis im Schwarzwald die Beobachtung, dass Patienten, die sich überwiegend mit Vollkorngetreide ernähren, langfristig bessere Zähne (also weniger Karies) haben als Patienten, die viel Weißmehl verzehren. Schnitzer wurde zum ersten Bäcker der Health-Food-Szene, entwickelte eine Vielzahl von Rezepturen auf Vollkornbasis und entsprechende Getreidemühlen – und er baute ein großes Netz an Filialen auf. Noch heute ist der Name Schnitzer-Kost ein Begriff. Viele Schulen gesundheitsbewusster Ernährung folgten oder lebten wieder auf.

ANTHROPOSOPHEN ALS LACKFABRIKANTEN

Ein Zirkel von Anthroposophen gründete die Firma Livos und stellte die ersten voll umweltverträglichen Farben und Lacke her. Aus Livos gingen die Firmen Auro und Leinos hervor. Daneben fanden sich immer mehr Hersteller, um ökologische Dämmstoffe (wie beispielsweise die Schüttung aus Altpapier von Isofloc), Böden, Heizungen und vieles mehr zu entwickeln und zu vermarkten. Es entstand die Bauökologie: Nicht nur Farben und Lacke, sondern alle Baustoffe sollten umweltverträglich hergestellt werden. Heute sind baubio- bzw. ökologische Anbieter in der Regel Vollsortimenter, zumindest Einfamilienhäuser können komplett mit Produkten aus nachwachsenden Rohstoffen gebaut werden. Energiesparendes Bauen ist weitgehend Standard geworden. Leider ist es noch kaum möglich und umsetzbar, Hochhäuser, Bahnhöfe, Fabriken oder U-Bahnen voll-ökologisch zu bauen.

STEIGENDER ENERGIEVERBRAUCH UND ATOMWIRTSCHAFT

Mit dem Wohlstand in den 70er-Jahren des vergangenen Jahrhunderts stieg der Energieverbrauch. Atomkraftwerke wurden gebaut. Im März 1979 kam es zu einem Störfall im Kraftwerk Three Mile Island in den USA, der aber in unseren Medien kaum Beachtung fand. 1986 dann der Schock in Europa: Am 26. April explodierte der russische Reaktor in Tschernobyl – wahrscheinlich wegen schwerer Verstöße gegen die Sicherheitsvorschriften, wie man heute weiß. Vor allem wegen Tschernobyl schaffte es das Thema Umweltschutz in die Rangliste jener Themen, die den Deutschen am wichtigsten sind: Umweltschutz stand schon damals auf Platz Eins, so erfasste es die Forschungsgruppe Wahlen e.V. im bekannten Politbarometer für das heute-journal des ZDF bei der Bundestagswahl 1987. Erst nach dem Fall der Mauer und der Wiedervereinigung Deutschlands wurden andere Themen wie Arbeit oder Sicherheit wieder wichtiger. 2011 jedoch, nach dem Erdbeben am 11. März in Japan und der daraus folgenden Katastrophe im japanischen

Kraftwerk Fukushima, ist die Atomwirtschaft wieder stark ins Bewusstsein der Menschen gerückt. Selbst die Politik reagierte ungewohnt schnell.

ÖKOLOGIE ALS ÖKONOMISCHE GRÖSSE

Im Mai 2004 gab es das erste internationale Symposium der European Society for Opinion and Marketing Research (ESOMAR), dem internationalen Berufsverband der Marketing- und Meinungsforschung zum Thema Marketing und Marktforschung für Nachhaltigkeit (sustainability) in Berlin. Im zusammenfassenden Referat wurde in der Mitgliederzeitschrift als Überschrift der seufzende Ausspruch des Organisators, Dr. Dieter Korczak, zitiert: „One day sustainability will sell ..." – „Eines Tages wird sich Nachhaltigkeit verkaufen lassen ..."

Diese Einstellung hat sich jedoch rascher als vielleicht gedacht geändert: Mittlerweile ist der Begriff „Ökologie" mehr und mehr dem der Nachhaltigkeit gewichen. Das bedeutet: Verbraucht werden soll nur noch, was binnen einer Generation nachwächst. Eine Philosophie, die uns – wenn alle an einem Strang ziehen – vor den schlimmsten Schäden eines Klimawandels bewahren kann. Einige Beispiele:

▸ Zur besseren Orientierung für die Verbraucher gibt es im Bereich der Ernährung in Deutschland das Bio-Siegel des ökologischen Landbaus; andere Länder haben andere Prüfsiegel für die ökologische Qualität. So kann der Verbraucher auf einen Blick sehen, dass ein Produkt nach ökologischen Kriterien entstand und dahingehend geprüft wurde.

▸ Im Bereich Bauen und Wohnen hat sich das Qualitäts-Siegel natureplus verbreitet und dabei von der Marktbearbeitung her eine vergleichbare Aufgabe wie das Bio-Siegel. In der Holzwirtschaft soll man auf das FSC-Logo (Forest Stewardship Council) achten, um sicherzugehen, dass das Holz aus nachhaltiger Wirtschaft stammt. In anderen Wirtschaftszweigen fehlen einheitliche Orientierungen noch oder entstehen gerade.

▸ Im Bundesarbeitskreis umweltbewusstes Management B.A.U.M. e.V. sind viele, auch große Unternehmen organisiert und tauschen ihre Erfahrungen und Bemühungen für ökologischeres Wirtschaften aus.

International und global gibt es etwa:

▸ World Business Council for Sustainable Development (WBCSD)

▸ United Nations Environment Programme (UNEP)

▸ Global Compact der UN

▸ Organisation für wirtschaftliche Zusammenarbeit und Entwicklung (Organisation for Economic Co-operation and Development, OECD)

▸ Collaborating Centre on Sustainable Consumption and Production (CSCP)

▸ ISO 26000 Social Responsibility

SO MANCHE „VERBESSERUNG" REICHT EINFACH NICHT AUS

Es passiert also schon einiges – aber immer noch zu wenig. Der Durchbruch in der Meinung scheint gelungen, nur noch nicht im Handeln. Warum? Und bleibt uns die

Zeit? Selbstverständlich wird alles verbessert, werden gesetzliche Regelungen schärfer und umfassender. Aber es werden leider auch die Möglichkeiten ausgetestet, wie man solche Regelungen umgehen kann.

Sicher – Lebensmittel werden auf ihre Güte kontrolliert, aber beispielsweise ein hoher Prozentsatz an Eiern (Öko-Eier glücklicher Hühner sind der Deutschen liebstes Öko-Produkt) stammt dennoch von armen, eingepferchten, gequälten Hennen.

Klar – es dürfen nur noch doppelwandige Großtanker Öl transportieren statt der alten mit einer nur dünnen Außenwand, die Ursache für so manche Umweltkatastrophe auf unseren Meeren waren. Aber es gibt eben leider auch genügend schwarze Schafe, die jegliche juristische Finte schlagen, um weiterhin möglichst kostengünstig, aber mit erhöhtem Umweltrisiko zu wirtschaften.

Es stimmt – unsere Autos haben einen Katalysator, Diesel-Kfz bekommen einen Rußfilter, unser Benzin gilt als „bleifrei" und damit „umweltfreundlich". Unsere Kraftfahrzeuge sind bald komplett recycelbar. Abgase aber produzieren sie so oder so immer noch.

Für Erdöl und viele andere Bodenschätze, die rücksichtslos abgebaut werden, gilt das Prinzip der Nachhaltigkeit leider nicht. Man kann sich ausrechnen, wann all diese Vorkommen zur Neige gehen werden. Dass dabei auf die Natur und die Menschen, die um die Abbaustätten leben, wenig oder gar keine Rücksicht genommen wird, zeigt deutlich, dass all unser Umdenken noch sehr oberflächlich und vor allem regional beschränkt ist.

Theorien aus den 1990er-Jahren, nach denen die Umweltzerstörung vielleicht doch eher durch kosmische Zyklen verursacht würde als durch menschliches Handeln, gelten als widerlegt. Sie sind genauso ad acta gelegt wie die Annahme, dass es immer schon etwa alle 10.000 Jahre ein Ozonloch in der Atmosphäre gegeben habe, man das früher eben nicht habe messen können und das heutige Ozonloch lediglich als Teil einer großen Entwicklung zu sehen sei.

DIE GROSSE AUSNAHME: REGENERATIVE ENERGIEN

Eine erfreuliche Ausnahme bei der Entwicklung ökologischer Marktanteile gibt es allerdings: Durch massive Subventionen – das ist nicht unwichtig – konnte der Anteil regenerativer Energien am Gesamtenergieverbrauch in Deutschland auf nahe zehn Prozent (Stand 2006) erhöht werden. Das ist weit besser als die üblichen etwa

GLOBALE FORTSCHRITTE IM ENERGIEKONSUM

Sogar weltweit sind Fortschritte bei nachhaltigem Energiekonsum zu verzeichnen: Im Jahr 2011 stiegen die globalen Investitionen in erneuerbare Energien gegenüber dem Vorjahr um siebzehn Prozent auf einen neuen Rekordwert. Hauptanteil hat dabei China mit 51 Milliarden US-Dollar, gefolgt von den USA mit 48 Milliarden Dollar und Deutschland mit 31 Milliarden US-Dollar, außerdem Italien mit 29 Milliarden US-Dollar.

zwei bis fünf Prozent Marktanteil eines Ökoprodukts. Das Bundesumweltministerium (BMU) ging 2008 in seiner Leitstudie davon aus, dass die erneuerbaren Energien in Deutschland bis 2020 einen Anteil von 30 Prozent an der Stromversorgung erreichen. Der im Jahr 2013 amtierende Bundesumweltminister Peter Altmaier spricht sogar von 40 Prozent Ökostromanteil bis 2020. Das Gutachten des Sachverständigenrats für Umweltfragen kam 2010 zu dem Ergebnis, dass Deutschland bis zum Jahr 2050 seine komplette Stromversorgung problemlos aus erneuerbaren Energien bestreiten könne; dasselbe Resultat legt das Fraunhofer-Institut für Solare Energiesysteme (ISE) vor und meint sogar, die Umstellung der deutschen Energieversorgung auf dem Strom- und Wärmesektor würde sich finanziell nicht belastend auswirken.

UMWELTSCHUTZ ALS TOPTHEMA

Die Einstellung, dass Umweltschutz wichtig ist und man auch entsprechende Produkte kaufen würde, ist quer durch alle Schichten der Bevölkerung kontinuierlich hoch und positiv besetzt. In kaum einer anderen Frage sind sich die Deutschen so einig, sind sich die Menschen so einig. Siebzig bis neunzig Prozent beträgt die Zustimmung auf die Frage, ob Umweltschutz sehr wichtig ist, ob man etwas für die Umwelt tun soll oder will, ob man Produkte kaufen würde oder kauft, die umweltverträglich sind. Quer durch alle Schichten, über Glaubens-, Einkommens- und andere Grenzen hinweg, auch im Ausland. Zahlreiche Studien belegen dies seit mittlerweile über zwanzig Jahren.

DIE DISKREPANZ ZWISCHEN
THEORIE UND PRAXIS

Die „richtige Einstellung" und der innere Wille, ihr gemäß zu handeln – und es dann auch tatsächlich zu tun:
Dazwischen liegen leider allzu oft Welten. Seit weit
mehr als zwanzig Jahren gibt es in der Bevölkerung
eine deutliche Stimmung für den Umweltschutz. Nicht
nur durch die Partei der Grünen – die ist lediglich der
Nachfolger und politische Vertreter von zahllosen Aktionen einzelner kleinerer oder größerer Gruppen. Das
Bewusstsein, dass wir selbst es in der Hand haben, in
unserem Konsum umweltgerecht zu handeln und unsere Umgebung nachhaltig zu gestalten, ist bei großen
Teilen der Bevölkerung mittlerweile „angekommen".
Auch die großen Volksparteien haben sich „grüne Ideen"
auf die Fahnen geschrieben. Umso verwunderlicher ist
es, dass die Marktanteile der Produkte, die nach höchsten ökologischen Standards produziert werden, dieser
Stimmung nicht entsprechen. Die Menschen wollen
ökologische und nachhaltige Produkte kaufen. Sie tun
es aber nicht. Was ist der Grund dafür? Darüber mehr
im nächsten Kapitel.

Neue Techniken, die zugleich mit den alten Lehren übereinstimmen, können einer der Wege in die Zukunft sein.

ALTERNATIVEN ZUM HANDELN WIDER BESSERES WISSEN

Es ist für viele einfacher und vor allem billiger, im Supermarkt zu den altbekannten Produkten zu greifen. Produkte des ökologischen Landbaus haben heute – trotz intensiver Bemühungen – lediglich einen Marktanteil von nur knapp sechs Prozent (aus: „Die Bio-Branche 2011"). Gleiches gilt praktisch für alle Produktgruppen in der jeweils höchsten ökologischen Qualität, seien es Baustoffe (maximal zwei Prozent) oder Farben (circa 1,5 Prozent); Autos stehen derzeit mit knapp über einem Prozent Marktanteil ebenso tief in der Rangliste wie Teppichböden (unter einem Prozent), Kleidung (unter einem Prozent) und viele andere Produkte rund um den alltäglichen Bedarf.

Natürlich könnte man sagen: „Die neuesten Modelle der Autos brauchen im Vergleich zu früher viel weniger

Treibstoff. Deshalb produzieren sie weniger Abgase und die sind zudem auch weniger belastend!" Demnach wäre es falsch, moderne Autos als nicht-ökologisch zu bezeichnen. Aber machen wir uns nichts vor: Es gibt sauberere Möglichkeiten für die Antriebstechnik unserer Transportmittel, aber die setzen sich am Markt eben (noch?) nicht durch.

So mancher führt an, die gesetzlichen Bestimmungen genügten bei Weitem, um eine ausreichende ökologische Qualität der Produkte und der Unternehmensführungen zu garantieren. Aber Hand aufs Herz: Ist das wirklich so? Oder ist es vielmehr nur Augenwischerei?

DER ÖKOLOGISCHE STATUS QUO IN DEUTSCHLAND, EUROPA UND DER WELT

Eigene Recherchen ebenso wie Veröffentlichungen der UN/UNEP (United Nations Environment Programme) sowie der Zeitschrift Ökotest zeigen, dass es momentan keine objektive globale Bestandsaufnahme zum ökologischen Status quo gibt. Es ist im Grunde auch unwichtig, ob der Marktanteil der ökologischen Produkte nun ein, drei oder sieben oder zwanzig Prozent beträgt. Tatsache ist, dass er sehr weit von hundert oder auch nur fünfzig Prozent entfernt ist, wahrscheinlich wohl auch weit von zwanzig Prozent.

▶ Im ökologischen Landbau stehen wir in Deutschland bei etwa vier Prozent (je nach Quelle auch bei sechs Prozent), beim Kunststoffrecycling bei etwa sechs Prozent.

▶ Europaweit liegen die Anteile bei nachhaltigen Baustoffen und Wohnprodukten um ein Prozent.

▶ Bei der Energieerzeugung verzeichnen wir in Deutschland immerhin zwanzig Prozent, weltweit vielleicht ein bis zwei Prozent; bei Mode ist es sicher nur um ein Prozent. Diese Zahlen gelten in Bezug auf die höchsten geprüften Maßstäbe wie beim Bio-Siegel.

Es gibt außerdem eine große Grauzone von Produkten, die nicht durch die Prüfsiegel erfasst werden, aber von Natur aus ökologisch sind. Bei denen spielen aber zum Beispiel Transport und Gewinnung eine Rolle, wie beispielsweise Steine und Wasser. Grundstoffe für Textilien wie Schaf- und Baumwolle sind zwar zunächst ökologisch, können aber Pestizide enthalten. Ein weiterer gravierender Nachteil beim Kauf können die teilweise verheerenden Arbeitsbedingungen sein, unter denen sie verarbeitet werden. Selbst ein Fisch ist per se ökologisch – leider jedoch nicht die Überfischung und die Verklappung von Motoröl im Meer oder der ganze Kunststoffmüll, den Fische und Vögel fressen und daran elendiglich eingehen.

Die Lage ist also sehr komplex. Aber allein schon diese Beispiele skizzieren, wo wir stehen. Im Grunde haben wir selbst dann keine Chance mehr auf einen Wandel, wenn wir mit Hochdruck daran arbeiten würden. Zumindest dann nicht, wenn wir das Problem vom physikalischen Weltbild her anpacken. Ob dieses physikalische Weltbild jedoch das richtige und vor allem allgemein gültige ist – das sei erst einmal dahingestellt.

AUF DEM WEG ZUR KREISLAUFWIRTSCHAFT?

Im Bereich Müll und Recycling sind wir im Grunde schon auf dem Weg zur Kreislaufwirtschaft. Es ist gesetzlich schon so geregelt, dass es – meines Wissens ab 2020 – zumindest in Deutschland praktisch keinen Müll mehr geben, weil alles recycelt werden soll. Wie das in anderen Ländern aussieht, außer in Schweden und anderen wenigen Nationen wie beispielsweise Dänemark, da kann man nur skeptisch sein. Sogar in Frankreich gibt es Recycling erst seit wenigen Jahren in den Haushalten ...

DER MENSCH ALS „NUTZENOPTIMIERER"

Wir haben uns zwar global auf den Weg gemacht, weil immer mehr Menschen begreifen, dass ein Umdenken unumgänglich ist, wenn wir überleben wollen. Wir wissen zwar alle, dass wir uns auf nachhaltige Produkte konzentrieren sollten. Trotzdem klafft die Schere zwischen unseren guten Absichten und dem tatsächlichen Handeln weit auseinander. Die meisten wollen gerne ökologisch agieren, sie finden Umweltschutz eine gute Sache. Aber wenn es dann „ans Eingemachte" geht, wenn nachhaltige Produkte teurer oder schwerer erhältlich als herkömmliche sind – dann zögern die meisten; viele verbleiben in althergebrachtem Konsumverhalten. Genau diese Besonderheit beim Kaufverhalten ist ein Hauptproblem bei der Entwicklung der Ökologie in einer freien Marktwirtschaft: Die Verbreitung, will heißen: die Vermarktung der Produkte ist nur schwer durchsetzbar. In den Köpfen ist der Trend zur Ökologie schon lange da, in der Realität der Märkte aber leider noch nicht – nur in kleinen Schritten kommt er bis heute voran.

SIND WIR TATSÄCHLICH UNHEILBARE EGOISTEN?

Der Soziologe Andreas Diekmann war schon vor beinahe zwanzig Jahren von der „Lücke" zwischen der positiven Einstellung zur Umwelt und dem tatsächlichen Kaufverhalten fasziniert. Er ist ein Verfechter der ökonomischen Theorie, die davon ausgeht, der Mensch sei ein Nutzenoptimierer – also quasi ein Egoist. Diek-

mann wies dies beispielsweise durch den Zusammenhang von energiesparendem Heizverhalten und Kos-
tenanreizen nach:

▶ In einem Haus, in dem alle Mietparteien zusammen
abgerechnet wurden und der Einzelne durch seine
Heiz-Energieersparnis kaum Geld sparen konnte,
drehte fast niemand im Winter die Heizung herunter,
wenn er außer Haus ging.

▶ Anders in Häusern mit wohnungsweiser Abrechnung.
Hier achteten mehr Mieter auf die Heizenergie, weil
sie dadurch konkret für den eigenen Geldbeutel spar-
ten.

Diekmann zeigte außerdem auf, dass ein Werbeappell,
der einen Sonderpreis für Eier auslobte, einen vielfach
höheren Effekt auf den Abverkauf der Eier hatte als der
Hinweis, die Eier stammten von Hühnern aus biolo-
gischer Wirtschaft. Der Soziologe empfahl daher, den
ökologischen Umbau der Wirtschaft gesetzlich zu regeln
und durch finanzielle Anreize, sprich Subventionen, zu
begleiten.

ASPEKTE FÜR DIE GEWINNUNG
NEUER KUNDENKREISE

Ökologie muss sich rechnen – für die Wirtschaft ebenso
wie für den einzelnen Konsumenten. Das geht auf lange
Sicht nur, wenn ökologisch einwandfreie Produkte angenommen werden und sich weit verbreiten, also zum
Markterfolg werden. Diekmann denkt meines Erach-
tens zu kurz:

- Zum einen gibt es je nach Produkt bis zu drei Prozent Menschen, die „anders" agieren. Diese „Kernzielgruppe der Ökologie" – so der Fachbegriff – denkt und handelt altruistischer, sozialer, innovativer, hat nicht nur den eigenen Vorteil im Sinn. Oder aber es ist ihr nur das Beste genug. Interessanterweise ist das Natürliche, zivilisatorisch Unbelastete teilweise wieder zum Premiumprodukt geworden. Ohne diese Menschen hätte es das Umdenken in Sachen Mensch und Natur, Wirtschaft und Umwelt nicht gegeben. Es gibt also einen Lichtblick.

- Zum anderen übergeht Diekmann die Chance, die darin liegt, dass die überwiegende Mehrheit Umweltschutz und Nachhaltigkeit für eine gute Sache hält.

- Und zum dritten sieht Diekmann nicht, dass Gesetzesvorgaben und finanzielle Anreize finanziert werden müssen. Das Konzept der Ökologisierung muss in die Realität der Wirtschaft passen. Es ist eine Tatsache, dass der Umbau hin zu einem ökologischen Marktangebot und damit letztlich der Akzeptanz durch die Verbraucher finanziert werden muss. Dazu muss die Nachfrage stimmen, und das tut sie trotz positivster Stimmung „pro Umwelt" noch nicht in ausreichendem Maße.

DIE PSYCHE DES KÄUFERS UND KONSUMENTEN

In der psychologischen Marktforschung versuchen wir herauszufinden, warum nicht gekauft wird, was doch im Grunde gewollt ist. Nur dann können wir etwas im Verhalten des Käufers und Konsumenten verändern.

Alle „Wahrheiten" in der wissenschaftlichen Welt – sei es in der Medizin, Physik, Betriebswirtschaft oder Psychologie – müssen mit den Methoden der Statistik bewiesen werden. Nur dann sind es „Fakten", nur dann „glauben" wir daran. Statistik kann so etwas im Grunde aber gar nicht leisten; denn sie analysiert immer nur einen Zusammenhang etwa im Sinne eines gleichzeitigen oder verbundenen Auftretens von zwei oder mehr Ereignissen.

Man muss dafür ein theoretisches Aussagesystem formulieren, das in sich widerspruchsfrei ist. Daraus leiten sich Hypothesen ab, die wiederum mit den Verfahren der Statistik geprüft werden. Danach zeigen sie sich bestätigt oder sie werden verworfen. Eine Statistik kann also nur etwas bestätigen oder nicht bestätigen, sie blickt nie über den „Tellerrand" des Modells, auf dessen Grundlage und zu dessen Bestätigung sie erstellt wurde. Man kann mit Statistik also keine Ursache-Wirkungs-Beziehung abbilden.

VERHALTENSWISSENSCHAFT UND DAS MEDIZINRAD DER LAKOTA

Bei meinen Forschungen zur indianischen Kultur und zur Einstellungs-Verhaltens-Forschung unter dem Aspekt des Umweltschutzes entdeckte ich einen „Zufall", der darauf hinweist, dass die Denkart der Lakota und

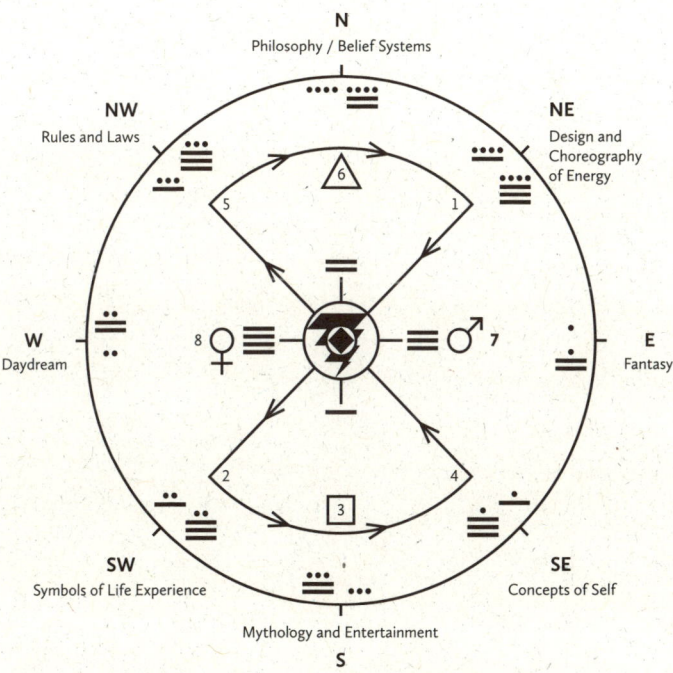

1. Objective Input Stimulus
2. Subjective Perceptual Reaction
3. Personal „Frame of Reference" (at „The Effect")
4. Internal Response (subjective)
5. „Message Given to Others" (objective)
6. Basic Belief System („The Affect")
7. Your Use of Male Active-Conceptive Energy
8. Your Use of Female Receptive-Creative Energy

Schematische Darstellung eines Medizinrads der Lakota nach Harley „Swift Deer" Reagan wissenschaftliche Theorien sich nicht ausschließen, sondern aufs Beste ergänzen bzw. ähneln.

In unserem westlichen Denken folgt aus irgendeinem A stets ein zu erklärendes B. Es gab jedoch neben „aus A ergibt sich B" einige wenige Ansätze, die sich mit einer kategorialen Ordnung von Verhalten befassten. Man legte dabei verschiedene Typen von Verhaltensweisen an – beispielsweise Gewohnheiten, Neugier, Denken und situativ-spontanes Verhalten – und skizzierte dafür verschiedene Einstellungs-Verhaltens-Beziehungen. Der bekannte Marketingprofessor Jagdish Sheth hat genau diese vier Typen als Basis seiner „zyklischen Theorie des Konsumentenverhaltens" Mitte der 1970er-Jahre angenommen.

WISSENSCHAFTLICHE THEORIE UND INDIANERPRAXIS PASSEN ZUSAMMEN

1988 besuchte ich Professor Jagdish Sheth. Er war zu diesem Zeitpunkt Direktor des Instituts für Betriebswirtschaftslehre an der University of Southern California (USC) in Los Angeles, einer der Topadressen in den USA. Sheth meinte, er habe früher keine Kapazitäten gehabt, seine Theorie zu prüfen. Er war ziemlich überrascht über das, was ich ihm demonstrierte: dass er nämlich eine Theorie formuliert hatte, die deckungsgleich mit den konzeptionellen Grundpfeilern sogenannter indianischer Medizinräder aufgebaut ist. Dass es eben nicht stets lineare Entwicklungen gibt (aus A folgt B folgt C), sondern dass vieles in unseren westlich orientierten Wirtschaftssystemen auch zyklisch abläuft (aus A folgt

B folgt wieder A). Genauso wie es in den Lehren der La-kota verankert ist. Sheths einziger Berührungspunkt mit nicht-westlicher Denkweise war bis zu diesem Zeitpunkt seine Herkunft, nämlich dass er indischer Abstammung ist; von Indianern und ihrer Lebensanschauung hatte er jedoch keinerlei Ahnung.

Jagdish Sheth bestätigte mir nach eingehender Prüfung, dass die aufgezeigte Parallele stimme. Das Angebot eines Promotionsstipendiums bei ihm, um der Sache weiter nachzugehen, konnte ich damals aus familiären Gründen leider nicht annehmen. Er schlug vor, meine Hypothesen mittels Computersimulationen zu prüfen. Erst mehr als zwanzig Jahre später (2009) hörte ich, dass der große Verhaltensforscher Icek Ajzen, Freund und früherer Chef meines Doktorvaters, die Einstellungs-Verhaltens-Relationen mittels einer so-genannten Monaco-Simulation tatsächlich überprüft hatte.

DAS DENKMODELL VON JAGDISH SHETH

In diesem Modell werden die Zusammenhänge mensch-lichen Verhaltens so erklärt:

▸ Jede Verhaltensweise hat ihren Ursprung in einem Curiosity Controlled Behaviour, das bedeutet in ei-ner nicht durchdachten, spontanen oder intuitiven Handlung.
▸ Diese geht dann in ein durchdachtes Verhalten über: Man hat eine Verhaltensweise in ihren ersten Grund-zügen etwas eingeübt (etwa durch Wiederholung), weil sie zu einem positiven Ergebnis führte.

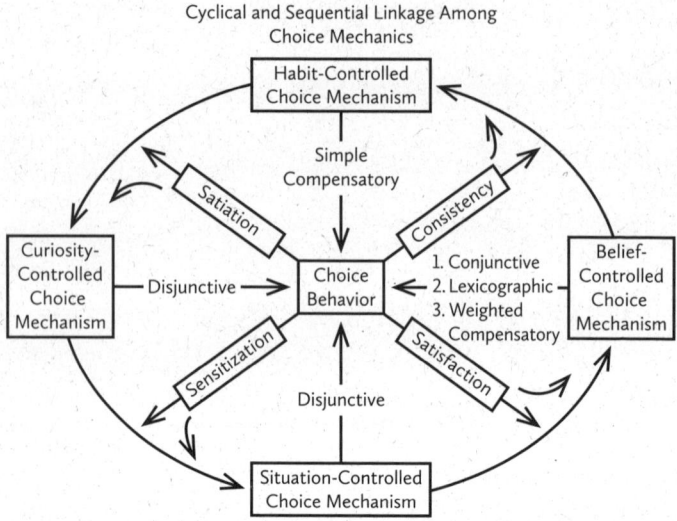

Die zyklische Theorie des Konsumenten-Verhaltens nach Jagdish Sheth

▸ Danach zeigt man situatives Verhalten immer dann, wenn ein entsprechender Aufforderungsreiz aus der Umwelt vorliegt. Mit zunehmender Erfahrung durchdenkt man seine Verhaltensweise.

▸ Im dann folgenden vierten Stadium wird das Verhalten „habitualisiert" – man zeigt es sozusagen „automatisch": Es wird zur lieben Gewohnheit.

DIE SCHLUSSFOLGERUNG DES SHETH-MODELLS

Beim umweltorientierten Verhalten agieren die meisten Menschen wie im Sheth-Modell: Aus einem irgendwann einmal, vielleicht in unserer Kindheit und Jugend eingeübten Verhalten ist Gewohnheit geworden. Wir sind stets sozialen Normen verhaftet, wir folgen unserem gesellschaftlichen Umfeld. Selbst dann, wenn wir es als Individuum „besser wissen". Will heißen:

▸ Wir handeln (beispielsweise in unserem Konsumentenverhalten) ökologisch falsch, weil wir es nicht anders gewohnt sind.

Wir müssen jedoch lernen, was wirklich wichtig ist: nämlich unsere Umwelt mit Priorität zu schützen. Zwei Seelen wohnen, ach, in unserer Brust: die eine, die sich an altbekannten Gewohnheiten orientiert und der wir leider meist folgen; die andere, die wohl um den Nutzen ökologischen Handelns weiß, sich aber leider meist nicht durchsetzt. Unsere beiden Persönlichkeitsanteile müssen in Übereinstimmung gelangen: unser eigenes Ich und das Bild bzw. die Energie, die die anderen in uns repräsentiert. Die Umwelt – das sind also nicht nur „die anderen", das sind auch wir selbst.

Anders bei den Lakota: Sie haben das Wissen um die Natur und daraus folgend um den Schutz der Natur seit Generationen verinnerlicht. Sie sind es „gewohnt" – es widerspricht keinen sozialen und tradierten Normen. Deshalb handeln sie entsprechend ökologisch und mit Respekt vor der Umwelt.

Das Thema Markt- und Verhaltensforschung ist umfassender, als es sich in diesem Buch darstellen lässt. Die exakte wissenschaftliche Erklärung und Prüfung habe ich im Rahmen meiner Dissertation dargelegt, insbesondere in Kapitel 8. Das gilt auch für die sozialen Einflüsse auf das eigene Verhalten, vor allem das Kaufverhalten, und das ökologieorientierte Verhalten.

DIE GENAUE „MESSUNG" POTENZIELLER KUNDEN

Die amerikanischen Psychologen Fishbein und Ajzen entwickelten bereits Ende der 1970er-Jahre ein Grundmodell, mit dem sich nachvollziehen lässt, warum wir zwar einerseits ökologisch denken (umweltbewusstes Handeln und Konsumieren also befürworten), andererseits jedoch beim täglichen Einkauf dieser Überzeugung zuwiderhandeln.

Beim Fishbein-Ajzen-Modell fragt man nicht einfach: „Findest du dieses oder jenes Produkt gut?" Sondern man geht tiefer und fragt: „Was passiert, wenn du das und das tust, dieses und jenes kaufst und benutzt?"

Diese Fragen werden immer weiter differenziert, um genau herauszufinden, welche „salient attributes" für den Kunden wichtig sind. Beispiele für solche „hervorstechenden Eigenschaften" sind beispielsweise Qualität, Verfügbarkeit, Preis, Nutzungserlebnis oder das Image eines Produkts.

Dabei arbeitet man in der Marktforschung bei ökologischen Fragestellungen oder nachhaltigen Produkten mit rein positiven Skalen, um möglichst genaue Ergebnisse zu erzielen. Niemand ist ja „gegen Umweltschutz", jeder Konsument spricht sich im Grunde für die Erhaltung der Natur (oder ein Produkt, das dem dient) aus.

Lediglich das Ausmaß des individuellen Engagements ist unterschiedlich. Deshalb ist ein negativer Bereich (also etwa eine Bewertung von – 5 bis + 5) bei den Skalen unangebracht.

DIE SELBSTEINSCHÄTZUNG DES KONSUMENTEN

Begleitend dazu gibt es Untersuchungen, wann und aus welchen Gründen der Absicht die angekündigte Handlung folgt, zu welchem Zeitpunkt und auch, aus welchem Grund nicht gehandelt wurde. Als letzte Weiterentwicklung des Modells nahm Ajzen Ende der 1980er-Jahre die Komponente der Perceived Behavioral Control auf – die selbst eingeschätzte Handlungskontrolle. Dabei klärt man, ob es einem Menschen überhaupt möglich erscheint, ein gewünschtes Verhalten zu zeigen, ob er über die notwendigen Mittel oder Möglichkeiten verfügen kann. Um beim Beispiel des ökologieorientierten Verhaltens zu bleiben: Ein Befragter würde statt des eigenen Autos durchaus den Bus auf dem Weg zur Arbeit nehmen. Besteht aber keine Busverbindung, die ihn in vertretbarer Zeit zum Arbeitsplatz bringt, kann er seinen Wunsch kaum umsetzen. Bei Produkten ginge es beispielsweise darum, dass der Befragte das Gefühl hat, sich ein Öko-Produkt nicht leisten zu können.

WICHTIGE RESULTATE FÜR DIE MARKTFORSCHUNG

Hat man all die Einstellungen eines Menschen, einer Gruppe oder Gesellschaft zu einem Thema oder Produkt erfasst, kommt man zur Analyse und daraus folgend zur Prognose. Der eigentliche Clou am Modell von Fishbein und Ajzen ist nicht nur die psychologisch fundierte Messgenauigkeit. Viel beeindruckender ist die Idee, auch danach zu fragen, wie nach Ansicht des Konsumenten andere über ein Produkt oder Thema denken oder handeln. Im Urmodell dieser Befragungen wird empfohlen, diese „Annahme über das Verhalten Dritter" so zu gewichten, dass dabei diese „Folgebereitschaft" (engl. motivation to comply) im Vordergrund steht.

Meine Studien ab dem Jahr 1988 und vor allem ab 1996 ergaben allerdings, dass dadurch die Qualität der Vorhersage geschwächt wird, zumindest bezüglich Fragen und Produkten der Ökologie. Je mehr nämlich jemand dem Einfluss anderer unterliegt, desto weniger will er das wahrhaben. Die Folge: Er wird sogar schnell reaktant (reagiert also abwehrend), zeigt sich sogar oft „pampig". Die Frage etwa, ob jemand zu tun gedenke, was dieser oder jener von ihm erwartet, führte gerade in Gruppen, die sehr konformitätsbereit sind, zu gekritzelten Hinweisen wie „Ich mach' doch nicht, was der will!" oder „Was soll die blöde Frage?"

Dennoch führt die Komponente „sozialer Einfluss" zu sehr genauen Ergebnissen: Die Kombination der persönlichen Einstellungen mit den Einflüssen Dritter lässt es zu, Konsumentenverhalten in aller Regel genau erklären und vorhersagen zu können. Abweichungen sind selbstverständlich möglich; aber man kann trotzdem ziemlich genau sehen, ob der Mensch (oder die Gruppe) so agieren wird, wie er (oder sie) sagt.

DIE SCHLUSSFOLGERUNG FÜR DAS FISHBEIN-AJZEN-MODELL

In diversen Studien habe ich nach meiner Diplomarbeit 1988 und dann wieder seit 1996 das Kaufverhalten in Bezug auf Ökologie überprüft. Das Ergebnis ist eindeutig:

Ökologische Produkte werden nicht deshalb liegen gelassen, weil die Leute Ökologie nicht wollen. Sondern weil sie sich meist unbewusst aus Unkenntnis und Unsicherheit in ihrem Kaufverhalten an anderen orientieren. Da die Mehrheit der Konsumenten eben nicht ökologisch kauft, bleibt alles beim Alten. Ökologische Marktanteile entwickeln sich nur langsam aus eigener Kraft. Dennoch erreichen sie durchschnittlich zehn bis fünfzehn Prozent jährliches Wachstum – selbst in Zeiten von Stagnation und Rezession. Dieses Wachstum ist also stabil. Nachhaltige Produkte sind und bleiben ein Wachstumsmarkt.

ZU VIELE DETAILS FÜHREN ZU VERWIRRUNG

„Der Mensch strebt nach Orientierung. Hat er eine solche Orientierung nicht, weil ein objektives Maß fehlt – in der physikalischen Welt wäre das z.B. Meter oder Grad –, dann neigt er dazu, sich in seinem Handeln zu vergleichen. Mit anderen, die er als Experten ansieht oder denen er sich ähnlich fühlt", formulierte der bekannte amerikanische Psychologe Leon Festinger 1954 in seiner sogenannten Theorie der sozialen Vergleichsprozesse. Seine Aussagen und Arbeiten helfen uns ebenfalls weiter, wenn wir untersuchen, warum die Menschen nicht ökologisch handeln oder mehr nachhaltige Produkte kaufen, obwohl sie es im Grunde befürworten. Es ist eine sehr komplexe Frage für den Einzelnen, sich zu entscheiden, was denn nun ökologisch, was denn nun ein adäquates Produkt sei. Selbst Wissenschaft und anerkannte Experten widersprechen sich: Es gibt Veröffentlichungen, die vorrechnen, dass Müllverbrennung besser sei als Recycling; dass konventionelle Landwirtschaft besser als ökologische sei; dass selbst der Klimawandel lediglich „Einbildung" sei. Wie soll ein durchschnittlicher Verbraucher da zu einer fundierten Meinung kommen? Zu seiner möglicherweise bereits getroffenen Entscheidung, ökologisch richtig zu handeln, kommen tagtäglich neue und unzählige Informationen. Hinweise auf ein tatsächlich ökologisch einwandfreies Produkt gehen oft unter. In Bezug auf Qualität ein und desselben Artikels hört und liest man oft unterschiedlichste Bewertungen. Bleibt nur, sich mühsam aus allen Informationen die passenden herauszufischen. Oder auf die „innere Stimme" zu hören und nach Bauchgefühl zu handeln.

WIR HABEN ES IN DER HAND – WIR ENTSCHEIDEN, WAS WIR KAUFEN

Wer die innere Bereitschaft dazu hat, seinen Beitrag zu leisten, wird sich automatisch richtig verhalten:

▸ Wählen Sie die Waren, die Sie kaufen, sorgfältig aus.
▸ Hinterfragen Sie die konventionellen Marken.
▸ Bevorzugen Sie ökologische Produkte, die aus Ihrer Region und aus nachhaltiger Wirtschaft stammen.

Es gibt so viele Möglichkeiten, unserer Umwelt Gutes zu tun oder sie zumindest nicht unnötig zu strapazieren. In Bezug auf den Alltag, beispielsweise Nahrung und Kleidung, sollte das kaum ein Problem darstellen. Das Wichtigste:

Stehen Sie offen dazu, dass Sie ökologisch leben und nachhaltig konsumieren wollen. Sie können sicher sein, dass achtzig Prozent Ihrer Mitmenschen Ihre Meinung teilen. Die aber schauen auch auf Sie; sie sehen, wie Sie agieren – und das spiegelt sich auch in deren Einstellung wider, es verändert auch ihr Konsumverhalten.

DIE ZYKLEN DER LAKOTA: DER LÖSUNGSANSATZ FÜR UNSERE PROBLEME?

Die Indianer lehrten ihre Nachkommen, indem sie das Ergebnis vorgaben: Man akzeptierte einen natürlichen Umstand, einen Zyklus, eine Überlieferung, die gottgegebene Lehre. Der intuitive Part im zyklischen Verhaltensmodell war von der Schöpfung vorgelegt und anerkannt; die Lakota übernahmen das jeweils und gaben es an ihre Nachkommen weiter.

Alles blieb dem Grunde nach, wie es ist. Aufgabe des Schülers war es herauszufinden, warum dem so ist. Der Schüler hatte ohne Umschweife die Norm zu akzeptieren – zunächst. Erst wenn der Lernende das Verhalten habitualisiert hatte, war es ihm möglich, darüber nachzudenken. Dann erst konnte er situativ handeln, damit spielen, um dann in die Phase der Intuition, der Freiheit, überzugehen. Dabei hatte er das Natürliche, das ökologische Denken, schon längst verinnerlicht. Mit diesen einfachen Grundsätzen war es ein Leichtes, Traditionen und Denkweisen lediglich mündlich zu überliefern. Es war der bessere, weil einfachste Weg. Niemand kam auf die Idee, dass unreife Halbfortgeschrittene unreifes Wissen immer wieder neu interpretieren könnten. So etwas fand gar nicht erst statt.

DER GEGENSATZ: UNSER LINEARES HANDELN

In der Zivilisation läuft das Ganze umgekehrt in der Verhaltensweise: Eine Frage stellt sich – und jeder darf intuitiv, situativ stets wieder neue Antworten finden. Es ist die Idee des ständigen Fortschritts, die unserem linearen Modell innewohnt.

Wir wollen von A nach B? Dann nehmen wir erst die Draisine, dann das Fahrrad, dann die Eisenbahn, dann das Auto, dann das Flugzeug. „B" liegt immer weiter entfernt, unsere Ideen, dorthin zu kommen, werden immer kühner. Dann erst denken wir über die Lösungsmöglichkeiten nach, lassen sie zur Gewohnheit werden und wollen – noch mehr. Immer mehr. Wir kommen erneut in die Phase des Curiosity Controlled Behaviour. Die Treppe zum ach so wichtigen Fortschritt beginnt wieder und wieder aufs Neue, geht immer weiter. „Citius, altius, fortius" – „höher, schneller, stärker": Dieses Motto gilt nicht nur bei den Olympischen Spielen, sondern in allen Bereichen unseres Lebens. Siegen um beinahe jeden Preis, um den Preis der eigenen Gesundheit, wenn wir Doping betreiben; um den Preis unserer Integrität, wenn wir im Job tricksen und mobben, um Karriere zu machen; um den Preis unserer Umwelt, wenn wir immer mehr und mehr haben wollen, ohne Rücksicht auf die Natur.

DIE WEISHEIT UNSERER AHNEN

Neues ist nicht immer automatisch gut, Altes nicht zwangsläufig schlecht, nur weil es alt ist. Vieles, was unsere Ahnen wussten, ist weise. Die Lakota ehren die Klugheit und die Erfahrung der Alten. „Honor the Elder" – „Ehre die Ältesten" ist einer der wichtigsten indianischen Leitsprüche. Die Lakota verfallen nicht – wie

wir leider allzu oft – einem heutzutage überall vorherrschenden wahren Jugendwahn.

Wir schauen nicht mehr auf innere Werte, wir gehen beinahe ausschließlich nach Äußerlichkeiten. Wir
haben es verlernt, die richtigen Fragen zu stellen – auch
und gerade in Bezug auf unsere Umwelt. Wir brauchen
erst eine Frage und suchen dann die Antwort. Die Lakota dagegen lehren: „Sieh dich um, dann erkennst du
Antworten. Suche nach der richtigen Frage – und dein
Leben, deine Welt wird sich ändern." Wer sich auf sich
selbst besinnt, wer im Kleinen positiv verändert, ändert
die Welt zum Besseren.

WAS ZU TUN IST

Als wir vor einigen Jahrzehnten am Anfang der ökologischen Bewegung standen, war es eine riesige Aufgabe. Sie türmte sich vor uns auf wie ein Berg, den zu erklimmen schier unmöglich schien.

Aber wie viele Menschen haben dann mitgemacht! Heute stehen wir – auf den ersten Blick – viel besser da. Wir haben vieles im Bereich Ökologie und Nachhaltigkeit verinnerlicht, viel schneller, als ich und viele andere Umweltschützer der ersten Stunde es uns hätten träumen lassen.

UNSER BILD VON DER WELT MUSS SICH WANDELN

Selbst wenn wir in vielen Bereichen schon auf einem richtigen Weg sind: Es ist immer noch zu wenig. Ich zeige mit diesem Buch eine weitere Perspektive auf, ich möchte eine Idee anbieten, die uns alle befähigt, eine Wende, eine Neuerung zu schaffen – und damit die globale Herausforderung zu bestehen.

Momentan taumeln wir von einer Katastrophenperspektive zur nächsten. Lernen etwas. Lösen das Problem. Haben eine Verschnaufpause. Und so geht es weiter. Und weiter und weiter.

Der Klimawandel aber hat eine Dimension, dass es wohl aller menschlichen Fähigkeiten bedürfen wird, die Situation zu meistern. Wir alle müssen mitwirken an dieser gewaltigen Aufgabe. Wir müssen ein neues Bild von der Welt entwerfen, um zu neuen, besseren Ufern aufzubrechen.

INDIANISCHES WISSEN BIRGT UNSERE CHANCE

Wir sprechen den Indianern oft und berechtigterweise die Kompetenz zu, sich mit der Natur auf ihre Weise bestens auszukennen. Sie haben keine Öko-Katastrophe heraufbeschworen – wir aber wohl. Trotz unserer exorbitanten Errungenschaften in Wissenschaft und Technik.

Wenn wir davon ausgehen, dass die Lakota den tiefsten Geist der Natur besser verstehen als wir, auf ganz andere Weise, als wir mit unseren High-Tech-Geräten zu konstruieren in der Lage sind – dann, ja dann scheint es geboten, sich das Wissen und Handeln dieses Volkes genau anzuschauen.

CRAZY HORSE
UND SEIN VERMÄCHTNIS

„Sei, wie du bist, tue das, von dem du schon weißt, dass es richtig ist, schütze die Umwelt, so gut du es eben kannst."

Dies ist zusammengefasst wohl am ehesten die Interpretation dessen, was Crazy Horse uns vorgelebt und vermacht hat. Wenn jeder von uns es schafft, wirklich seinen Intentionen zu folgen, nicht aus Gewohnheit, Faulheit oder dem „Druck anderer" zuliebe von seinen inneren Überzeugungen abzuweichen, sondern sie zu leben und umzusetzen, dann wird unser gemeinsamer Glaube Berge versetzen. Dann wird der Klimawandel uns zwar eine Lehre sein, er wird unsere Sicht auf die Welt ändern – aber er muss nicht unser Ende bedeuten. Es muss uns als Gesellschaft gelingen, ökologische Einstellungen zum Allgemeingut zu machen und damit individuell durchzusetzen. Gegen das andere Ich in uns, das Ich der anderen, derjenigen, die egoistisch handeln und die es nicht schert, wenn die Welt vor die Hunde geht.

„Go and learn the Indian way." So sagte der Dalai Lama seinen Mönchen. Die Weisheiten der Lakota waren für das erleuchtete Oberhaupt der Tibeter wichtig genug, dass er Mönche zu Archie Fire Lame Deer schickte. Der indianische Weg bringt uns alle zurück zur Natur – und damit zu der Chance, eine dauerhafte Verbesserung zu erreichen, für uns selbst und gegen den Klimawandel. Das einzige, was man braucht, um ein verantwortliches Leben zu führen, ist ein gutes Ziel, der wirkliche innere Wille – und Mitgefühl, wie der Dalai Lama es ausdrückt. Wir müssen es nur endlich anpacken.

„ALLE MEINE VERWANDTEN"

Die Lakota sagen am Ende eines Gebets nicht „Amen", sondern „Mitakuaye Oyasin". Das bedeutet so viel wie: „Alle meine Verwandten." Wir Menschen sind nicht die Krone der Schöpfung, sondern alles, was beseelt ist, hat seinen Sinn auf der Welt, seine Aufgabe. Ohne Tiere und Pflanzen können wir nicht leben. Wir brauchen die Erde, die vier Elemente, alles um uns herum. Wir werden fortbestehen, denn die Verbindung zwischen Mutter Erde und der spirituellen Welt ist unauflöslich. Archie sagte: „The rope may never stop." – „Das Seil soll niemals enden." Für unsere Ahnen war das so, für uns ist es so, und es wird auch für unsere Kinder und Enkel gelten.

Daran glaube ich. Die irdische Welt und die spirituelle sind verbunden und bedingen einander. Es gibt keine andere Möglichkeit des Lebens, als auch die Tiere und Pflanzen, ja sogar – wie die Lakota – Steine als Mitlebewesen anzuerkennen. Wer das nicht möchte, sollte die Zusammenhänge zwischen seiner Seele und der sichtbaren Umwelt bedenken. Selbst für den größten Egoisten wäre es sinnvoll, das Leben zu respektieren.

In unserer Welt ist alles miteinander verbunden. „Wie oben, so unten", oder „wie im Großen, so im Kleinen" – das ist die einzige Regel, die wir akzeptieren und leben müssen. Auch Erde und Himmel sind – davon sind die Lakota überzeugt, davon bin mittlerweile auch ich überzeugt – keine un-begreifbaren Dinge, sondern lebende Wesen. Das „große Ganze" braucht keine einzelnen Religionen, sondern lediglich eine einzige Erkenntnis: Wir sind alle miteinander verbunden, wir sind der Kosmos – und der Kosmos ist in uns.

IN DER TRADITION VON CRAZY HORSE

Als ich am 5. September 1997, am 120. Todestag von Crazy Horse, Fort Robinson besuchte, erwartete ich eine große Menschenmenge – dem Bekanntheitsgrad und Image des letzten Häuptlings der freien Lakota in den USA entsprechend. Kaum zu glauben, aber ich war – der Einzige. Meine Wenigkeit, ein deutscher Ökologe, war nachmittags der Einzige, der für den 1877 ermordeten Crazy Horse ein Gebet sprach. Als ich ein paar Stunden später nach einem Rundgang durch die Militäranlage zurückkam, hatte nach mir noch jemand ein paar Blumen niedergelegt. Das war's.

Vielleicht wollen die Lakota in Fort Robinson, dem Ort, an dem ihr Häuptling ermordet wurde, keine Gedenkstunde oder Zeremonie abhalten. Aber auch die Weißen, für die Crazy Horse durchaus große Bedeutung hatte, gedachten seiner nicht. Die eigenen Leute hatten ihn verraten, die Weißen besetzen immer noch die heiligen Berge. Vielleicht war die Rückkehr von Crazy Horse zu einem neutralen, deutschen Umweltschützer das Beste, was er aus seiner Sicht finden konnte, um seine Vision umzusetzen und verbreiten zu lassen. Ich weiß, dass ich mit dem Wissen und der Lebensart der Heyoka enge Berührung hatte. Auch Crazy Horse war ein Heyoka – und so stehe ich in seiner Nachfolge.

Ich bin zum communicator berufen geworden. Vielleicht bin ich Beispiel dafür, dass alles anders kommen kann, als man es selbst plant. Was bei Freunden eintraf, die Pfeifenträger und Sonnentänzer sind, traf bei mir auch ein. In der Gruppe von Freunden von Archie bin ich nichts Besonderes, nicht Besseres. Ich hatte das

Glück, ihn kennenzulernen, als ich erst 26 und er 52 war, und ich habe ihn bis zu seinem Tod gekannt. Bis heute lerne und staune ich. Welch einmaliges Glück ich hatte, ihn zu treffen, habe ich erst später begriffen. Er war der beste Lehrer, den ich mir hätte vorstellen können.

WARUM ICH HEUTE SPRECHE

Archies allererste Worte 1988 in Österreich waren: „If you are patient, they got to listen to you." – „Wenn du geduldig bist, wird man auf dich hören." Ich habe fünfundzwanzig Jahre gebraucht, um das zu berichten, was mir 1988 mit Crazy Horse geschah. Es ist auch meine persönliche Vision, die später als solche anerkannt wurde. Es passt zu den Lehrregeln der Heyoka, dass es mir nicht leichtfiel, darüber zu sprechen. Es hätte mir weniger ausgemacht, wenn mir nicht Crazy Horse, sondern irgendein unbekannter Mann diese Geheimnisse gezeigt hätte. Dass es ausgerechnet dieser indianische „Superstar" war, ist mir unangenehm; sicher hätten sich das viele gewünscht. Aber auch hier zeigt sich Heyoka: Gerade weil es mir manchmal unangenehm ist, war ich der Richtige, das alles zu erzählen und dieses Buch zu schreiben.

Dass ich nach all den Jahren mein Erlebnis mit Crazy Horse berichte, liegt schlicht und ergreifend daran, dass ich vor einigen Jahren falsch lag: Ich dachte, wir hätten unser ökologisches Problem langsam in den Griff bekommen. Das Gegenteil ist der Fall: Die Meldungen von Klimaproblemen werden deutlicher und häufiger, die Herausforderung des Klimawandels ist riesig – und wir müssen vor allem ihr begegnen. Nichts darf unversucht bleiben, um eine Lösung zu finden. Selbst wenn mein Beitrag nur ein wenig nutzt, wenn nur ein paar Menschen mehr beginnen, Himmel und Erde nun anders anzuschauen, hat sich alles gelohnt.

ZUM AUTOR

Dr. Stephan Götze wurde am 31. Januar 1962 in Bad Dürkheim/Wein-
straße geboren. Er ist verheiratet
und hat drei Kinder.
Dr. Götze gehört zu den Pionie-
ren der Ökologie der ersten Stunde
mit den Fachgebieten Marketing
und Research, Managementbe-
ratung und Kommunikationsfor-
schung für ökologische Produkte und Projekte. Daneben
war er im Bereich der allgemeinen Markt- und Sozialforschung engagiert, arbeitete in der Werbewirtschaft und
promovierte in Sozialpsychologie. In 25 Jahren erfolgrei-
cher Berufstätigkeit beriet er etwa 130 Unternehmen und
Organisationen und führte einige maßgebliche Studien
in verschiedenen Wirtschaftszweigen durch, lehrte an
Universitäten und für den Berufsverband und veröffent-
lichte 14 Fachpublikationen.

AUSBILDUNG

- ▶ Studium der Mathematik und Volkswirtschaftslehre in Heidelberg, im 3. Semester Wechsel zum
- ▶ Studium von Soziologie, Psychologie und Marketing in Mannheim, Schwerpunkt Wirtschaftspsychologie, Diplom 1989
- ▶ 2010 Promotion in Sozialwissenschaften an der Universität Gießen

BERUFLICHES

- ▶ Schon während des Studiums, 1984, Gründung einer kleinen Werbeagentur u. a. mit Schwerpunkt Ökologie
- ▶ 1990–1995 Leitung der Marktforschung und Marketingberater in der Werbeagentur Saumer & Partner, dort auch Aufbau der ersten Öko-Marketing-Division in einer Werbeagentur
- ▶ 1995–2005 selbstständig mit der ersten Marketingagentur für ökologische Produkte und Projekte mit namhaften Kunden aus den Bereichen Bau, Innenausstattung, Kunststoff und Food
- ▶ 1996 Konzeption und Durchführung der Gründung des Fachverbands für Ökologie + Bautechnik öko+, Gründungsaufsichtsrat
- ▶ 1997 Wahl in den Fachbeirat des Berufsverbandes Deutscher Markt- und Sozialforscher BVM e.V.
- ▶ 1999–2002 Mitglied im Bundesvorstand des BVM, Ressort Öffentlichkeitsarbeit
- ▶ 2005 Senior Consultant bei der SVP Deutschland AG (SVP international ist eine Research- und Consulting-

gruppe mit 1.200 Mitarbeitern in über 30 Ländern)

▸ 2007 Leiter der Marktforschung der SVP Deutschland AG

▸ 2008/2009 als freier Consultant für Marktforschung, Strategie und Marketing beim internationalen Verband natureplus („Bio-Siegel der Baustoffe") verantwortlich

▸ 2009/2010 Abschluss der berufsbegleitenden Promotion

▸ Ab 2011 Independent Consultant in verschiedenen Konstellationen für verschiedene Auftraggeber

▸ 2013 Lehrauftrag an der Hochschule der Wirtschaft für Management in Mannheim, für Sustainable Management, Schwerpunkte Marketing, E-Business, Social Media, Competitive Intelligence, Research, Verhaltensforschung

▸ 2013 Kooperationsvertrag für Forschung und Lehre mit CSCP (Collaborating Centre on Sustainable Consumption and Production), dem „Think and Do Tank" der Vereinten Nationen (gegründet von UNEP, dem Umweltprogramm der Vereinten Nationen, und dem Wuppertal Institut)

PRIVAT UND ALS LAKOTA

▸ 1988 erstes Zusammentreffen mit Archie Fire Lame Deer, Erhalt der ersten geweihten Adlerfeder; 1999 Erhalt der zweiten geweihten Adlerfeder von Archie Fire Lame Deer

▸ Im Sommer 1988 Angebot von Archie Fire Lame Deer, das Zeremonialfeuer zu hüten und den Medizinmännern als „Fireman" zu assistieren. Erscheinung des „Mannes in der schwarzen Kutte"; in den Folgejahren Seminare und Zeremonien mit Archie Fire Lame Deer an verschiedenen Orten

▸ 1997: im Frühjahr Initiation zum „Heyoka" durch Archie Fire Lame Deer; im Sommer des gleichen Jahres Europäisches Treffen der Lakota Pipeholder, Erlebnis des Sonnenwunders; Entdeckung der Literatur über Crazy Horse und der Prophezeiung, dass Crazy Horse als „schwarzer Mann" wiederkehren wird; erstes bewusstes Zusammentreffen mit Arvol Looking Horse, dem Hüter der Büffelkalbpfeife, auf Veranlassung von Stanley Looking Horse

▸ 2001 erneutes Treffen mit Arvol Looking Horse und der Auftrag „Go, tell them"; Legitimationsschreiben der Lakota. Tod von Archie Fire Lame Deer. Nachfolger ist John Lame Deer

▸ 2012 Abstimmung mit Freunden der Lakota über die Inhalte des Buchs

▸ 2013 Erneuerung des „Go" für das Buch durch die Familie Lame Deer

---

Haben Sie Fragen an Dr. Stephan Götze?
Anregungen zum Buch?
Erfahrungen, die Sie mit anderen teilen möchten?

Nutzen Sie unser Internetforum:
www.mankau-verlag.de

DECLARATION FROM OCTOBER 15TH, 2012

The time has come to tell most humble about an unique event which took place during the sundance ceremony of the Lakota People at Crow Dog´s Paradise, in the Rosebud Reservation, SD, in 1988.

I was part of it, and since 1997 I learned to understand step by step. Now, after 24 years, I am old enough, a big part of the vision and the responsibilities going along with it are fulfilled. Last but not at least the challenge of ecological questions, especially the climate change, has led me to the decision to talk about it.

My name is Stephan Guido Götze, I was born and raised in Germany, and for some years I have been living in France. I was the first permanent fireman of Archie Fire Lame Deer in Europe, and I am thankful for all that he taught me and my European friends who feel like having Lakota souls since decades.

I am one of the pioneers of ecology, focusing since the beginning on marketing and research, management consulting and communication science in regard of ecological products and projects. My family was running the first retail and supermarket company for ecological products. Lame Deer once made a ceremony there to support it on its way.

Beside ecology I was engaged in the area of market and social research in general, and in social psychology, the field in which I hold a doctorate.

You can read about my career in my publications and in my CV.

On the third day of this sundance in 1988 where I served as a fireman – and to my knowledge I was the first or one of the first Europeans who had the honor to do so – a man in a black coat arrived, riding a big white Pinto Horse, wonderfully sprinkled with big grey and black spots. He had a cowl on his head so that you could not see his hair. The coat, a frock ending just above his knees, was closed with a white cord, and he was wearing basketball stockings with two blue and one red stripe, just as the kind which I was wearing when I was still playing, but no shoes. Exactly these stockings I was missing at my home in Germany for some months.

He slid down from this horse, just threw the reins to the tree (I think it was a birch tree) nearby without fixing it, then went by with a straight harsh view towards the sundance ground, not looking at me. But when passing me by he asked: "Can you take care of my horse?" In fact, it was not really a question, and I said "yes", because I was perplexed. In fact, I had no idea of horses and was a little afraid what to do. So I asked the horse gently to be kind and to do nothing, and it did so. My impression was that, whoever he was, he was obviously a boss. This shall by no means diminish the authorities of Archie Fire Lame Deer and Crow Dog on the sundance ground.

At this point of time, as a young man of 26, I did not even have any idea that the backbone of bravery and their relation to Mother Nature of the Lakota is a religion. Today, as a Lakota pipeholder, and after all my studies and all my experiences, and all the wonders which I was allowed and lucky to have witnessed, I understand better – as far as a man can understand anything at all.

This man in black went into the sundance ground – onto which, up until today, I have never ever set a foot because of respect – and then I could not see him for a moment.

I guess he jumped around on the right side of the dance ground or did anything else which made Archie react. What I saw then was that the two were exactly at the eastern door of the sundance circle.

Archie was waving an eagle wing in a certain movement, and the man in the black cowl was bowing, humbly, and walked backwards, his arms and hands crossed over his breast, just like the hands of a dead man are positioned in a coffin. The two walked like this around the inner edge of the circle until they reached the northern spot of the ground. Then the man in black accelerated, until he reached the western door where the altar is placed. He took a black pipe from the altar and appeared on the right side of the right one of the two sweat lodges of the sundance of this year. Then he crawled backwards on all fours into this sweat lodge.

As my buddy and fireman teacher Brad, called Bradford Henry by Grandpa Henry Crow Dog, had completely disappeared for unknown reasons on this more or less sunny morning, I was alone – a recruit serving as a fireman around 150 Lakota sundancers and two famous medicine men. But what I had as a basis were some first steps of harsh spiritual experiences when I alone tried at home to gain understanding of the world.

On this morning I was wearing some Converse basketball shoes, old jeans and a white simple t-shirt which was torn on the right side at the place where the liver is situated, a straight, vertical cut with a length of 5 to 7 cm. For before the sundance had started I was with some Indians in the forests to cut wood, and one afternoon I was alone with a gentle elder man whom Archie had sent to accompany and to support me. I learned after that this was Chief Spotted Tail.

When climbing a tree I suddenly slid down, and a little branch got stuck a little in my side, this is how I got this wound on this day. I still have this t-shirt. Later I learned that this was the spot into which the great Lakota was stabbed with a bayonet when he was killed.

Well, I wondered why this man in black who was then sitting down in the sweat lodge on the right side of the door, on the 14th place called Nagi (the soul of a dead) was obviously driven out of the circle. And why he was quite alone in the sweat lodge at this moment, nobody cared. Together with the black pipe, which had a spiral stem out of light wood, with approximately 7 spiral circles, maybe 50 cm of length, he had taken my eagle feather from the little earth altar which is placed aside of any sweat lodge and is made out of the earth which was taken from the hole for the hot stones in the middle of each sweat lodge.

Archie Fire Lame Deer had given me this blessed eagle feather in Germany after the ceremonies which were held on the ground of the first big market for ecological products of my family.

At this point of time I had already done some travels with Archie, initiated with him some sweat lodge places in Germany and Austria and organized events and he stayed some days on several occasions at the house of my sister. On our first meeting which had taken place in Austria he had asked me, who did not apply for it, to be his fireman, for I had asked him a lot of questions about ecology, mankind and the universe and presented my ideas. When calling me to be his fireman he said: "And I ask this man to be my fireman, as he is asking so many questions, so that he may find answers."

At this point of time I did not have a lot of information and I did not really know who he was.

This eagle feather was not new, and he did not do a lot of words when he gave it to me. It was prepared from the beginning to be fixed with a little rope somewhere, as its quill was formed to a little eye. I thought it is a present for having accommodated and helped Archie in Europe. He said only two sentences about it to me: "You have to take care of it" and later, before the journey to the USA in 1988: "Don't forget your eagle feather." He did not give me a certificate or so, as it usually has to be for law reasons.

I went to the man in black in the sweat lodge, who was dressed the way it was known from the gnostic monks, and asked: "Can I help you?" I remembered the story of my childhood "Who is afraid of the man in black?", and I felt sorry for him, this is also why I dared to go to him. He was obviously very different.

He answered in a convincing manner: "Oh, yes." And then he commanded like a general, and I was not pleased about it that he treated me like a servant after I was ready to help him: "Bring me four stones, two buckets of water, and cedar from the bush down there." I went down to the Little White River to get the water, and inside the fireplace there were luckily still exactly four hot stones left. These stones I placed with a hay fork in the ceremonial manner in the hole for the stones in the middle. I saw that he had a tobacco bag made out of wine-colored leather, and I saw that he was filling the black pipe by pushing the tobacco in, not with a tobacco tamper but with the little finger of his right hand.

He made two doors, not four as usual, and he was singing three songs, with a shy sounding voice at the beginning. Two doors are made for example for a wedding, as I know today, or when somebody is sent to a vision quest, something that will not stop or has not ended yet, but goes on.

The first song was the Pipe Song, the song of the Chanupa, and I can say this for sure as I knew this traditional song from many ceremonies. I am unfortunately not sure which were the other two songs, maybe one day I am. When I remember the text and rhythm of the second song I suggest that it was the song of Crazy Horse as cited in the book of Lame Deer, and saved over time by Iron Hail. The third song might have been, as a spiritual media tried to figure out for me, a song of love.

After the first door the man in black sat on the 15th place in the sweat lodge aside the door, the place called "Intellect". During the songs my eagle feather was hanging fixed in the middle of the black pipe which is called "The Conjure Pipe", as I learned later. After the little ceremony he laid the eagle feather back onto the earth altar.

The Conjure Pipe is maybe one of the most secret secrets of the Lakota, and as it is said to be 35000 years old, maybe one of the greatest secrets of mankind at all. The man in black was the/a holder of this pipe, this I could see from the manner he was handling it.

I am not out to tell secrets. I rather think that the time has come, to let people know about some things, just to help.

The man in the black coat then crawled on all four backwards out of the sweat lodge, with the Conjure Pipe in his arm, and then he walked straight to me. He took my right hand with both hands, and I was really happy, finally he was not the arrogant general but a kind, gentle and fair man full of friendliness and emotions, who said among other things "thank you".

But he did not speak anymore English at this moment, but some sort of emotional language which I never heard before, and never after. It was not English or Lakota backwards as Heyoka sometimes do nor Lakota. When I looked in his mouth I saw a black hole, no tongue, no teeth but one on the right side of the lower jaw where the corner teeth normally is situated. But this tooth was soft, began to form and was somehow melting and then began to flow into a spiral circle which was finally looking like the Milky Way, the galaxy, the universe, turning to the right.

During this phenomenon the voice went on talking to me in this wonder language. As I could not understand the words, I can only tell what the feeling of the words was telling. This man, ghost or god, was saying that he knew everything and that he was sorry, too, and that this was the way the things were just going. He wished me good luck on the one hand, but thanked me at the same time. With this event, which was my vision at the same time, he showed me how I had to do what I wanted to do and gave me most of the answers I was longing for. This I understood later, after many years.

I said: "I don't know who you are, but you are okay." The man in black with the blue eyes, with the Conjure Pipe under his arm, went back to his most wonderful horse and mounted it – backwards, with the face in the direction of the tail, the Conjure Pipe then in his crossed arms. His eyes were brown from this moment on, and with the saddest look in his eyes which I ever saw, the horse trotted slowly away, around the corner with trees at the entry of the Crow Dog's Paradise.

Today I know that all in this picture counts backwards and forwards, at the same time, but this has to be explained later.

Some moments later, a sundancer, who was some years later the partner of my sister, ran on the fireplace ground and said in an excited way: "Oh my God, have you seen this? This was a spirit, this was a spirit. This was ..." I said: "No exciting." As I already had learned the hard way from my own little experiences at home, you better do not jump on, better do not grab spiritual evidences or you are lost. "You will never forget this day", the sundancer finished, and this was right.

I saw that this man in black had my size, similar feet and fingers, but he was a little bit older, maybe in the middle of his thirties, and later when he was talking he seemed to turn older, maybe up to end of his sixties, but this is not so important. We looked somehow similar, the shape of the face, too, but his skin was darker, but I thought that this was all coincidental.

I further saw, that although he was in the sweat lodge, that the white cord which was closed only with one knot had not moved nor that he had sweated, all was clean.

I did not talk about this event for 7 years at all, from 1988 on, this I remember. And it would take a book or books to tell all the details and the teaching going along with it. But from more or less 1997 on I began to make intensive enquiries in order to find out who this man was.

From 1988 on, and a little before that, I was involved in the very first steps of ecology in Europe, mostly in Germany, and I had run the first advertising agency, very small, for ecological products, and did social scientific research about the question why and how mankind behaves like this, in regards of the environment.

Just for your information, I may say, that in the area of ecologically orientated consumer behavior, recycling, ecological construction and ecological agriculture I did the very first studies and marketing concepts and it came out later that some of them have been little milestones.

Some were even presented and published at the world congresses of marketing and social research, and so on. I worked also a little in the markets for energy and automotive, but not that much.

Dying forests, brown and dirty rivers, the signs were already there at this point of time at the end of the eighties and the beginning of the nineties, but not the climate change. It was clear that something was going wrong, but not to which extent.

The first time I ever saw this Conjure Pipe was during the event at the ecological market of my family, and Archie said among other things that one day somebody would recognize it, and that even most Indians leave the room when he unwraps it, as they are afraid.

The second of the three times I saw this pipe was in southwestern France, at the sweat lodge and ceremonial place of a friend, called "Makoce Wakan (holy ground)", as he had a serious visionary experience there. It was when the first European pipeholder meeting was held, and when the final prayers were spoken, we all witnessed a great wonder: The sun was forming a complete round rainbow around itself, on a sunny day without any clouds. The Conjure Pipe and another little white one were the last pipes on the altar without a holder.

Such a closed round rainbow was seen the last time in 1981 at the funeral of the 16th Karmapa of the Buddhists, in the USA, a close friend of Archie. I know two friends who told me to have seen such a rainbow in between, too, one time with Archie.

But the sun had thrown a second complete rainbow circle, right around the other one, but this one was interrupted with some wet clouds. So far I did not find the report that this had happened ever before. When I visited Stanley and Arvol Looking Horse in 1997, Arvol already knew about it.

When I was sitting with Archie on the veranda of the house of our friend, Archie said among other things:

"I thought you'd pick the Conjure Pipe." I answered: "What is it, why me? No?"

Later, on the road to the airport, we stopped accidently at a warehouse in Bordeaux, me with my friend. Suddenly my friend came up with a CD on which a photo of a White Buffalo Calf was printed which he found in this shop. Some minutes later we met a girlfriend, young, very pretty, with pale skin, a master of beadwork, and what I tell now she cannot remember up until today, only the beginning and the end of the talk. She only remembers a stitching headache in between.

A ghost, as I understood, began to talk through her, very friendly and highly educated and informed, several times pointing to the watch which was obviously standing still during this event. This woman knew almost anything, sociology, the understanding of time and physics, my little personal secrets and faults as well as the ones of Archie.

She wanted to know what I believed in ("do you believe in the Buffalo Calf Pipe?"), what I did at home and if I had a plan. I explained my strategy for ecology, and she said this was good and that I had to promise that I would do it. She also said: "Take the Conjure Pipe. You deserve it." Again I refused and said she should give it to somebody else who needed it more. And then I did something crazy.

I cannot tell all the details of this talk and other things at this point of time, it would take to long, but later I will do it.

I had at this point of time in 1997 already discovered and learned something about American history. From 1988 up to 1996/1997 I never had read a book about it, not even the books of Lame Deer, and don't ask me why, as I am a sociologist. Maybe I had read "Seeker of Visions" from Grandpa Lame Deer, but if, this was the only one. I was learning the Indian religion only by practice, and Archie was my teacher.

But in 1997 we were still stuck with developing a concept for ecology, and I began to be desperate, as time was running and the destruction of the nature went on. I began to discover that there were many books about the Lakota which I was not aware of before. Then I discovered one with the story of Crazy Horse, one of the last leaders, and in fact it told about the very last days, the last leader of the Lakota in freedom, and about his character, and I was blissed. And when I learned how he was treated I was very sad and shocked. He had no descendants; everybody was killed but his father. There was somebody whose attitude I shared by 100% and only his. I felt that I was not alone anymore and began to pray for him. Step by step I learned more about his life, and all that had taken place in the 60ies and 70ies of the 19th century.

When some friends went to my friend's house where Archie was sitting and told him about the rainbows, he, who had this outstanding spirituality and experience, did not even move. He just said "so she is still here" talking about the White Buffalo Calf Woman, the Goddess, the messenger of God Wakan Tanka, who once had brought the religion of the Lakota.

When I was asked to take the Conjure Pipe and had re-fused it once more time, the craziest thing I did at this moment I did without being fully aware of who my friend in heaven was in history. I was in the management board of the German association of market and social research and I had already had some success, and I had got used to be a pioneer, used to sail against the wind and have troubles. I knew we were pioneers anyway, still only a few and I had already decided to go this way against all odds, and if necessary alone and for any price.

I did not know that this warrior was judged, all in all, to be one of the or the greatest warrior of all times. I was not really aware of his war record or did not care.

For me he was familiar because of this character, an early fighter for ecology who did not sell his belief or the land which belongs to god and Mother Nature anyway. He had family problems just as me; he could not keep material prosperity for himself just as me.

Also I had never seen Crazy Horse Mountain or so, I can tell you that maybe I would never had dared to take the pipe if I would have known this sculpture ... But maybe it was better like this.

I said to this woman, that the only pipe that I would take is the pipe of Crazy Horse. I was never out to get a pipe. So, if I would take any at all, it would be only in the name of this man.

She and the translator, a woman, she had with her, were perplexed, then they laughed out loud, they were shaking and puffing and said: "You refuse the Conjure Pipe, but you would take the pipe of Crazy Horse?" At this point of time I was probably still around 1000 steps away from being compared just a little to this hero of history. Nowadays I have approached to a relation of maybe 1 : 10. Some of my works with mathematics, psychology and ecology are not so bad and had some impact, so that at least I can dare now to face him. In fact, often when I thought I cannot go on anymore, that all was lost, I thought about my friend in heaven and that I may not fail and disappoint the trust he had put in me. This was often the motivation to go on.

But I will never succeed to keep up, as this is impossible. And, I am I; I have my own way, in another time, another context. It is stupid to measure the comparison; I just wanted to let you know that I am now very aware of the situation. I have to laugh about myself.

But I can tell you that the burden and the load of this sometimes still lay heavy on me.

I thought for a while and she asked: "Ah, and ... with all the responsibilities?" I answered that "this is not what I doubt about, but if this is possible at all?" She answered, that I just had to believe it. She wanted to know my biggest wish in life and I said to meet this man once.

When I told her about my experience in 1988, still not really knowing who the man in black was, she said: "So it has already happened. One day you will understand all."

Well, she had said also in between: "He doesn't know anything about that pipe", and luckily this has changed in the meantime. The spirit body of this pipe was brought to me (this needs an extra explanation), and I have passed my Heyoka Initiation in 1997, where four stones were suddenly appearing in the sweat lodge fire. I can tell you, the Lakota religion does impressive things sometimes. I can tell later more details.

I studied more and more, I guess I read almost any book about the Lakota and the events concerning them and learned for instance, that the great Lakota War Chief shook the hands with both hands, when it was important for him, to show that his heart was also included in the given promise. And that he had a wine-red colored tobacco bag and filled the pipe always with the little finger. I learned about his appearance from drawings of reports of contemporary companions and that the man I had met had exactly looked like this. He looked more like a white man than like a Lakota, although both his parents were full-blooded Lakota. The nose of the Crazy Horse Mountain is wrong, I am sorry to say. Look at the genealogical study by G. Hardorff, a little book called "The Oglala Lakota Crazy Horse", which is sold for instance at the Fort Robinson Library, and go also to the third page. This is how he looked like.

I learned that in 1988 he was dead for 111 years and that a prophecy said that one day he would come back as a black man.

I noticed that when I discovered him in 1997 (he was killed at probably an age of 35),

I was 35.

Ecology was for me the translation of the Indian way into today's world; these are 90 percent of the reasons why I did all this. Some of my doubts and questions were: How to realize a position which is not official, in a tribe still with the back to wall, having the wrong color of skin, in a world where racism still exists on both sides? With a buddy in heaven who is on one level with Cesar and Alexander the Great, but being the one with the best character of the three? Everybody would laugh at you, this was clear. Probably you would not even be welcome, and my friend had severe problems during his last days not only with the enemy but with his own people, too. So, I did what I did secretly.

I was so homesick, you cannot imagine, homesick to South Dakota, where I had been only 4 times in my life. But I remembered, too, the picture of my visionary event, from which I learned, that maybe some people see and know, but all in all I had to do it secretly.

From 1997 on I changed the focus a little from marketing for ecology to behavioral and marketing science for the same subject, and wrote about it.

In 1999 I received via a woman called "European Hilde" who is already gone to the spiritual world my second holy eagle feather from Lame Deer, which I interprete as a feather to write. Just as Crazy Horse had only two eagle feathers.

My publications took influence on the development of ecology, worldwide. Often I did it in the background, hiding traces like an Indian.

I could and maybe I will write more and explain some things, but now we have only time for a summary.

Crazy Horse was the holder of the Conjure Pipe and therefore I said finally yes to this pipe which I had refused several times in the first place. It was already teaching me a lot, I have to confirm that most of my prayers were heard. But I am still learning, and I guess I will have to learn forever. But the material body is not at my home, it is somewhere else and maybe it is better. Or it is a tribal pipe, and others are connected to it, too, and I don't know it. I would not be jealous. My story with this pipe was enough for a universal library; it doesn't have to be here.

Two reasons make me tell this story now, which I did not plan to tell anymore in this life or at least not before my last days on earth.

First of all: The climate change.

The Heyokas are linked to the weather, and I am working on a book which will try to explain – I don't know if I find the words but I will do my best – the relation between mankind and the weather. Lakota Medicine men are able to change the weather at least locally or regionally, but this without any doubt. Maybe there is a way to do something regarding the global weather. I don't know, we will see ... But we don't have a lot of options, I guess.

And I want to find the words how the Lakota religion can add something in general to the big puzzle of knowledge of all the religions, with its special view of Mother

Nature, as this is an important subject of today. By this I maybe can do something which my friend in heaven would have liked to do if he could have been here. And, last but not least, Archie said from the beginning: "You are our communicator." And Arvol said in 2001 after a discussion about the ecological problems in the world and the abuse of the Lakota religion: "Go, tell them."

At last I have to say something very personal, which gave me the very last push to do what I do now: Heyokas are weather shamans among other things, but they are funny, too, as they are called holy clowns, and they are experts in doing things wrong, mess it up, and do things backwards. Well, doing things wrong is a part of life, too, and nobody could deny this, isn't it? And so, I put myself a question at last, which maybe could have been asked in the first place.

I was sick in recent years, as after the break-through of ecology as a worldwide number one subject I was very, very tired and withdrawn. I thought my work was done, my promises in the sweat lodges fulfilled. And that my other points of contact with my friend in heaven and the many spiritual experiences, which could fill an own book, were done, and that this was it.

But I began to run against an invisible wall, the details are not of importance at the moment. Whatever I wanted to start after I got better (I had some sort of burnout for two or three years) did not begin to work, something was holding me back. I wondered why for most of the times I had succeeded when I had wanted to do something.

I asked God, who is to my knowledge Wakan Tanka, what the problem was and if he still wanted something from me. Yes, I knew, I, the clown, had said yes to this pipe, the pipe of one of the greatest men in history, and although I got far, too, I would still look rather poor compared to him. But as I did not go for it, did not long for a position, nor a title, nor anything I wondered what was going on.

I was in Fort Robinson where he was killed, 120 years after his death and I was alone in this afternoon. I prayed there, and I cannot tell you at the moment what "we" were "negotiating" and planning and doing for each other.

Wakan Tanka, I can tell you that he listens and can be contacted by everybody and everybody can learn to be in contact with him, but this also needs some explanations, but in fact this is not new at all, many know this, others doubt it, and it has always been like this.

I had the feeling that he was teasing me the last year. I said: "Tell me at least that I understand."

And then it made click in my mind, after many prayers and a pipe ceremony.

The idea which was so close just came to my mind at last. I called old friends from the Indian way. "Tell me, did Archie give me the original?" – "This may be so. Would be typical for him."

A waterfall of tears came over me. I may say that a waterfall of tears already came over me before, when I was learning about the events in 1877.

Everybody suffers, as this is part of life, and for sure many suffered more than me, but I may tell you that I also paid my price. I don't know if I deserve all this, as nobody can deserve this, these are gifts from the love of God.

God was talking through his spirit, as the stubborn man I am would have probably never listened to anybody else. Prayers for the world in which I offered all I have, even my luck and my music, which I prayed in 1997 at the holy mountain of the Lakota and the Cheyenne, the Bear Butte northeast of the Black Hills, were answered by Wakan Tanka ALREADY in 1988. I asked to have the chance to turn the wind in economy, and for this I dedicated my life to him and give him all. All, so far, so good.

But Archie, who often had holy subjects with him when he began to heal in Europe in the eighties and nineties, had obviously given me the original eagle feather of Tashunka Witko, Crazy Horse, which he had been wearing during the Indian wars. This eagle feather belongs to the Conjure Pipe, and when fixed in the middle of the stem during a ceremony, it means: "Peace."

It can be argued if it is the original. I am not out for another sensation, I had plenty of it and maybe more then I can carry sometimes. For me, all makes sense. But I never thought about it because my relationship to these subjects and historical personalities was so private and normal to me. All in all, it doesn't matter. Several people, grandmasters in spirituality, said it would be so, but of course I could never prove it. But just the idea made me remember all what had happened and gave me the motivation to bring to an end what I had begun so long ago. I thought about everything, but never about the fact that Archie had made me put my eagle feather on the sweat lodge altar, the days before Tashunka Witko had come back.

If anybody can help me to clear this up, I am ready to listen. But without any doubt my feather was with the spirit of Crazy Horse. His hands were warm when we shook hands in 1988, so to me he was not only a spirit but revived for one day.

I don't care who believes for I know it. But I can understand very well that this would be of public interest, and of course not even I would elude from this. It is up to you.

Peace between the religions, forgiving all that was, and peace with the thunder beings. The thunder beings and the Lakota God Wakynian Wakan, the God of the Heyokas, are the number two in the universe after God himself, and they create weather.

Maybe in other religions and mythologies it is different, called differently, but I am a witness that the Lakota idea of Mother Nature is pretty exact.

I know by the teachings of visions what all this means. I feel not good enough, but it had hit me. I did my best. I do not even have, at the moment, any idea if somebody is interested in all this at all. But I had the feeling that I should not leave this planet without letting this story being written down. I don't get younger, one day it would be too late.

I did not live the life of a holy man so far. I pray more or less daily, but I guess millions do so. I love animals, and millions do, too. I talk to god, and also this is done by millions.

I was born like this. I made mistakes, I had my moods, I had success and failed, too, and saw catastrophes, just like any man.

I know life from the top and from the bottom. Do not try to search for weak points in my life, there is a bunch, and I can tell it on my own, there is nothing to hide.

Never ever I would have left my hiding place, I just wanted to have my peace and play with my children.

But now I know that I just should let you know that I know that an eagle feather which was with Crazy Horse is still here, and of course I would share it, at a good place. And as a father of three children I could not go to the spiritual world without having tried anything to get the problem of the climate change and ecology solved.

By the way, for the most events and incidents which I told you about you might find witnesses. You know, not everybody runs with every experience at once to the media. The great things are often small, shy and take place in shelter.

God says in the Holy Bible: "And when you call me in great despair, I will come and help you. But I will come as a thief in the night." I have to confirm this. I also have to confirm that we can see him more in retrospect, as it is said in the book of Moses.

There is a last point to say: Most wars and troubles take place because of money, power – and because of religions. But this is the fault of man, not of God.

When you have a fast car, it can bring you to a good place to do well, but if you drive 200 km/h in a curve, you might kill somebody. Nature has, to my knowledge, also to do with religion. We should learn from this for the good, not to cause more arguments about religions. It is not about competition, it is about cooperation.

The Lakota know things about the universe. I will do my best to translate some teachings into our world of today, so that the climate maybe can be healed or our understanding of the world develops. Of course I cannot do this, nobody is able to "do" this, but maybe our prayers might be heard.

The Lakota teachings might be integrated in the knowledge of the world.

May God have pity for me, and for you.

Mitakuaye Oyasin
Amen

LITERATUR
UND QUELLEN

LITERATUR

LITERATUR ZU PSYCHOLOGIE UND MARKETING

▸ Ajzen, Icek (1985): **„From intentions to actions: A theory of planned behaviour"**. In: Kuhl, Julius; Beckmann, Jürgen (Hrsg.): Action-Control: From Cognition to Behaviour. Heidelberg: Springer
▸ Alderfer, Clayton Paul (1969): **„An empirical test of a new theory of human needs"**. In: Organisational Behaviour and Human Performance, 4: 142–175
▸ Bamberg, Sebastian; Bien, Walter; Schmidt, Peter (1995): **„Wann steigen Autofahrer auf den Bus um?"** In: Diekmann, Andreas; Franzen, Axel (Hrsg.): Kooperatives Umweltverhalten. Chur/Zürich: Rüegger

▸ BNN (1998): **„Marktdaten Naturkostfachhandel".**
BNN (Bundesverband Naturkost Naturwaren), Hürth

▸ Diekmann, Andreas (1995): **„Umweltbewusstsein oder Anreizstrukturen".** In: Diekmann, Andreas; Franzen, Axel (Hrsg.): Kooperatives Umweltverhalten. Chur/Zürich: Rüegger

▸ Dürr, Hans-Peter (1994): **„Nachhaltiges Umweltmanagement".** In: WUM-Symposium at the University of Mannheim

▸ EU-Nachrichten (1995): **„Der Kontrolliert Ökologische Landbau",** 5

▸ Festinger, Leon (1954): **„A theory of the social comparison processes".** In: Human Relations, 7: 117–140

▸ Fishbein, Martin; Ajzen, Icek (1975): **„Belief, Attitude, Intention and Behaviour: An Introduction to Theory and Research".** Reading, Mass.: Addison-Wesley

▸ Götze, Stephan (1996): **„Ökologieorientiertes Kaufverhalten":** In: Schriftenreihe des BVM Nr. 25: Ausgewählte Vorträge zur Markt- und Sozialforschung: Selektion und Orientierung. Offenbach 1996

▸ Götze, Stephan (1998): **„Beauty + Business: Marketing + Research for the Environment".** In: The Power of Knowledge: From Research Findings to Marketing Intelligence. ESOMAR, Berlin

▸ Götze, Stephan (2002): **„Wie viel Bio wollen die Deutschen? Das Marktpotential für Produkte aus dem kontrolliert ökologischen Landbau".** Im Auftrag von ZMP und CMA, Bonn

▸ Götze, Stephan (2010): **„Attitudes: Changing the Atmosphere".** Dissertation. Elektronische Bibliothek GEB Universitätsbibliothek, Gießen

▸ Götze, Stephan (2004): **„Kreisläufe verstehen – Kreisläufe schließen. Das Marktpotenzial für Produkte
aus Kunststoffrezyklat in Deutschland"**. DKR Deutsche Gesellschaft für Kunststoffrecycling GmbH, Köln
▸ Irle, Martin (1983): **„Forschungsprogramme in der
Marktpsychologie"**. In: Irle, Martin; Bussmann,
Wolf: Enzyklopädie der Psychologie, Band 4: 2–44.
Göttingen: Hofgrefe
▸ Öko+ Fachverband für Ökologie und Bautechnik
(1995): **„Der Markt für ökologische Baustoffe"**. Vor-
trag anlässlich der Gründungsversammlung. Frank-
furt: Öko+

LITERATUR ZUR INDIANISCHEN GESCHICHTE, KULTUR UND RELIGION:

▸ Ambrose, Stephen E. (1996): **„Crazy Horse and Cus-
ter: The Parallel Lives of Two American Warriors"**.
Anchor Books
▸ Briese, Marco (2005): **„Columbus' letzter Raubzug:
Soziale und politische Folgen der Indianerrezepti-
on des New Age"**. Alibri
▸ Buzzi, Gerhard (2004): **„Das Medizinrad der Lakota.
Weisheit und Heilkraft für unser Leben"**. Kailash
▸ Cheney, Roberta Carkeek (2003): **„Sioux Winter
Count"**. Naturegraph Publishers
▸ Claus, Sabine (2007): **„Lakota Stories"**. Wagner
▸ Erdoes, Richard (1979): **„Tahca Ushte, Seeker of Visi-
ons"**. dtv
▸ Fire, John Lame Deer; Erdoes, Richard (1997): **„Tahca
Ushte: Medizinmann der Sioux"**. dtv

▸ Guttmacher, Peter (1994): **„Crazy Horse – Sioux War Chief".** Chelsea House Publishers
▸ Hardorff, Richard G. (1985): **„The Oglala Lakota Crazy Horse: A Preliminary Genealogical Study and an Annotated Listing of Primary Sources".** Amereon Ltd.
▸ Hechelberger, Albert (2001): **„Dakota – Jäger und Krieger vom heiligen See: Die fantastische Zeitreise der Dakota von der Alten in die Neue Zeit".** Monsenstein und Vannerdat
▸ Heisel, Edward W. (1993): **„Crazy Horse –The Boy".** Book World Inc.
▸ Hothem, Lar (1998): **„Indian Pipes".** Collector Books
▸ Kadlecek, Edward; Kadlecek, Mabell (1983): **„To Kill an Eagle".** Johnson Books
▸ Müller, Werner (1970): **„Glauben und Denken der Sioux".** Reimer
▸ Price, Catherine (1996): **„The Oglala People 1841–1879".** University of Nebraska Press
▸ Reagan, Harley Swiftdeer (1994): **„Shamanic Wheels and Keys".** Deer Tribe Metis Medicine Society

LITERATUR ZU ANDEREN THEMENBEREICHEN

▸ Borgia, Anthony (2010): **„Das Leben in der unsichtbaren Welt".** Silberschnur
▸ Dürr, Hans-Peter (2010): **„Geist, Kosmos und Physik: Gedanken über die Einheit des Lebens".** Crotona
▸ Dürr, Hans-Peter (2012): **„Es gibt keine Materie!".** Crotona

QUELLEN

▸ Zur Widmung: http://www.wiconi.com/?cid=595

VORWORT (S. 7ff.)

▸ Zum Leben in den Reservaten: http://de.wikipedia.
org/wiki/Lakota#Das_Leben_in_Reservaten und
http://www.faz.net/aktuell/gesellschaft/menschen/
indianerreservat-pine-ridge-die-stolzen-oglala-sind-
saeufer-geworden-11697230.html
▸ Zur Lakota- Republik: http://www.republicoflakotah.
com/pdf/Withdrawal_From_Treaties.pdf
▸ Zum American Indian Religious Freedom Act: http://
www.cr.nps.gov/local-law/fhpl_IndianRelFreAct.pdf

WIE ALLES BEGANN (S. 13ff.)

▸ Zu Black Hills: http://www.allblackhills.com/scenic_
drives/needles_highway.php
▸ Zum Mount Rushmore National Memorial: http://
www.nps.gov/moru/index.htm
▸ Zum Crazy Horse Memorial: http://crazyhorseme-
morial.org/ und http://www.focus.de/reisen/usa/
south-dakota-ein-riesenmonument-fuer-crazy-hor-
se_aid_386456.html
▸ Zu Geburten weißer Büffel: http://www.youtube.
com/watch?v=PHqVdZmpRgl
▸ Zu Wind Cave: http://www.nps.gov/wica/index.htm

▶ Zur Red Cloud Agency: http://nebraskahistory.org/
sites/fortrob/agentext.htm und http://www.nps.gov/
history/history/online_books/soldier/siteb16.htm

▶ Zu Little Bighorn: http://www.eyewitnesstohistory.
com/custer.htm

▶ Zu Wounded Knee: http://www.lastoftheindepen-
dents.com/wounded.htm

▶ Zu Sitting Bull: http://www.biography.com/people/
sitting-bull-9485326 und http://www.histori.ca/mi-
nutes/minute.do?id=10174

▶ Zu General Philip Sheridan: http://de.wikipedia.org/wiki/
Philip_Sheridan#Seine_Indianer.C3.A4u.C3.9Ferung

MEIN WEG ZU DEN LAKOTA UND IHREM WISSEN (S. 35ff.)

▶ Zu Harley Swift Deer Reagan: http://harley-swiftdeer-
reagan.com/

▶ Zum Star-Maiden-Circle: http://de.scribd.com/
doc/77776796/The-Star-Maiden-Circle

▶ Zu Anthony Borgia: http://website.lineone.
net/~enlightenment/anthony_borgia.htm

▶ Zu Synchronizität: http://de.wikipedia.org/wiki/
Synchronizit%C3%A4t

▶ Zu Norbert Elmer Running: http://www.standing-
bear.org/elmerrunning.htm

▶ Zu Arvol Looking Horse: http://arvollookinghorse.
homestead.com/ und http://www.wolakota.org/index.
html http://www.manataka.org/page108.html und http://
home.arcor.de/elviramathes/bio.htm und http://arvolloo-
kinghorse.homestead.com/chief_arvol_bio_2001.html

- Zu Arvols Friedenspreis: http://en.wikipedia.org/ wiki/Temple_of_Understanding#The_Juliet_Hollister_Awards und http://home.arcor.de/fsnews/6%20 news/honor%20sioux/un_wird_sioux.htm
- Zum World Peace and Prayer Day – WPPD: http:// worldpeaceandprayerday.com/
- Zum World Peace and Prayer Day: http://protectsacredsites.org/2012/05/world-peace-prayer-day-2012-a-message-from-chief-arvol-looking-horse/ und http:// mendotadakota.com/mn/2011/01/21/how-world-peace-and-prayer-got-started/
- Zu Archie Fire Lame Deer: http://www.lamedeer.org/ archie-fire-lame-deer.html
- Zu Leonard Crow Dog: http://www.dlncoalition.org/ dln_issues/2003leonardaldencrowdog.htm
- Zu Ernie LaPointe: http://www.sittingbullfamily-foundation.org/ernie_lapointe.html

DAS WELTBILD UND DIE RELIGION DER LAKOTA (S. 75ff.)

- Zur Weißen Büffelkalbfrau: http://www.white-buffalo-calf-woman.com/legend_g.htm und http://www. youtube.com/watch?v=PHqVdZmpRgl
- Zu Pipeholder: http://www.clarksvilleonline.com/2008/ 04/18/sacred-pipe-holder-for-lakota-comes-to-clarksville/
- Zu Heyoka: http://www.anjol.de/documents/100802_ heyoka_neu.pdf und http://www.wowagwala-mani. de/heyoka.php und http://www.nativetimes.com/ life/commentary/5149-heyoka-a-man-taller-than-his-shadow und http://de.wikipedia.org/wiki/Heyoka

- Zu Contrary: http://en.wikipedia.org/wiki/ Contrary_%28social_role%29
- Zum Indian Reorganization Act: http://www.cskt. org/gov/file/reorganizationact.pdf
- Zum Verbot des Sonnentanzes: http://www.manata-ka.org/page108.html#Protection%20of%20Ceremo-nial%20Ways%20of%20Life
- Allgemein zu Dakota/Lakota/Nakota: http://www. dlncoalition.org/home.htm
- Zum American Indian Movement AIM: http://www. aimovement.org/
- Zu Wakan Tanka/Großer Geist: http://www.sacred-texts.com/nam/pla/sdo/sdo49.htm
- Zur Lakota-Religion: http://www.freidok.uni-freiburg.de/volltexte/4050/pdf/IKCE_WICASA.pdf
- Zu Indianischen Prophezeiungen allgemein: http://www. welcomehome.org/rainbow/prophecy/prophecies.html
- Zu Shiva: http://de.wikipedia.org/wiki/Shiva und http://www.wissen.de/hinduistische-gottheiten
- Zu Hinduismus: http://www.religion.ch/web/Hindu-ismus/ und http://www.hinduismus.de/main_allge-mein.htm
- Zu Neo-Keltismus: http://de.wikipedia.org/wiki/Kel-tischer_Neopaganismus und http://www.thesoulof-celt.de/kelten_heute.htm
- Zu Donnervogel: http://www.tbird.org/memora-bilia/myth.htm und http://de.wikipedia.org/wiki/ Donnervogel_%28Mythologie%29
- Zu Dr. Marco Briese: http://queesch.lu/2009/01/01/ uber-das-bewusstsein-der-lakota/ und http://namstuos. blogsport.de/images/EsoterischerNeokolonialismus.pdf

HEILUNGEN UND WUNDER
BEI DEN LAKOTA (S. 119ff.)

▸ Zu Medizinmann: http://suite101.de/article/
schamanen-bei-den-indianern-nordamerikas-
a65765#axzz2N31PrrKg

▸ Zu Missionarswunder/Eugen Buechel: http://www.
stadt-geisa.org/www/stadtinformationen/persoen-
lichkeiten/pater-eugen-buechel.html und http://
www.sfmissionmuseum.org/exhibits/buechel/bio-
graphy/index0002.html

▸ Zum Buechel Memorial Lakota Museum: http://
www.sfmission.org/museum/

▸ Zu Vision und Psychose: http://www.spiegel.de/
spiegelwissen/a-660648.html

▸ Zu Gyalwa Karmapa: http://www.karmapa.org/

▸ Zum 17. Karmapa: http://www.kagyu.org/kagyulinea-
ge/karmapa/kar00.php und http://www.karmapa.org/

▸ Zu Rangjung Rigpe Dorje: http://www.kagyu.org/
kagyulineage/lineage/kag41.php

▸ Zum Maharishi: http://www.maharishi.org/ und
http://de.wikipedia.org/wiki/Maharishi_Mahesh_Yogi

▸ Zu Rupert Sheldrake: http://www.sheldrake.org/
Deutsch/index.html

▸ Zu Professor Hans-Peter Dürr: Global Challenges
Network: http://www.gcn.de/

▸ Zum Alternativen Nobelpreis: http://www.rightlive-
lihood.org/summary_german.html

▸ Zum Friedensnobelpreis 1995: http://www.nobelprize.
org/nobel_prizes/peace/laureates/1995/

▸ Zur Pugwash-Konferenz: http://www.pugwash.org/
award.htm

▸ Zu Materie – Hans-Peter Dürr: http://www.integra-les-coaching.de/sites/geistundmaterie.html
▸ Zum Club of Rome: http://www.clubofrome.org/

IST DAS WETTER BEEINFLUSSBAR? (S. 149ff.)

▸ Zu Bibelzitaten: http://www.bibelwissenschaft.de/bibelkunde/
▸ Zu Siebenten-Tags-Adventisten: http://de.wikipedia.org/wiki/Siebenten-Tags-Adventisten und http://www.adventist.org/
▸ Zu Schriften von Qumran: http://de.wikipedia.org/wiki/Schriftrollen_von_Qumran und http://dss.collections.imj.org.il/ sowie http://www.deadseascrolls.org.il/home
▸ Zu Wetter und Blitzen: http://www.dwd.de/bvbw/appmanager/bvbw/dwdwwwDesktop/?_nfpb=true&_pageLabel=_dwdwww_klima_umwelt_datenzentren_wzn&activePage und http://gcmd.nasa.gov/records/GCMD_NLDN.html
▸ Zu runden Regenbögen: http://kedarvideo.wordpress.com/2010/02/03/runder-regenbogen-ein-seltenes-naturphanomen/

WO WIR HEUTE STEHEN (S. 167ff.)

▸ Zu CMA Centrale Marketing-Gesellschaft der deutschen Agrarwirtschaft: www.cma.de/ und http://wirtschaftslexikon.gabler.de/Definition/centrale-marketinggesellschaft-der-deutschen-agrarwirtschaft-mbh-cma.html (Nachfolgeorganisation www.

ami-informiert.de – Agrarmarkt-Informationsdienst-
Gesellschaft mbH)

▸ Zum Fischsterben am Rhein: http://www.zeit.
de/1971/37/warum-stinkt-es-am-rhein-so-schlimm/
seite-1 und http://www.dradio.de/dkultur/sendun-
gen/zeitreisen/799608/

▸ Zum Flussbadetag: http://www.duh.de/pressemittei-
lung.html?&no_cache=1&tx_ttnews[tt_news]=182&c
Hash=1d5212f6c847040599c47ae08defe3a9

▸ Zur European Society for Opinion and Marketing
Research (ESOMAR): http://www.esomar.org/

▸ Zu natureplus: http://www.natureplus.org/de/natu-
replus/

▸ Zu B.A.U.M. e.V: http://www.baumev.de/

▸ Zu ZMP Zentrale Markt- und Preisinformationen
GmbH: http://www.zmp.de/

▸ Zu GEFA German Export Association for Food and
Agriproducts: http://www.g-e-f-a.de/startseite

▸ Zu World Business Council for Sustainable Development: WBCSD http://www.wbcsd.org/home.aspx

▸ Zu United Nations Environment Programme (UNEP)
http://www.unep.org/

▸ Zur Global Compact der UN: http://www.unglobal-
compact.org/ und http://www.globalcompact.de/

▸ Zur Organisation für wirtschaftliche Zusammenarbeit und Entwicklung (Organisation for Economic
Cooperation and Development, OECD): http://www.
oecd.org/

▸ Zu Collaborating Centre on Sustainable Consumption and Production (CSCP): http://www.scp-centre.
org/

- Zu ISO 26000 Social Responsibility: http://www.iso.
  org/iso/home/standards/iso26000.htm
- Zur Leitstudie Bundesministerium für Umwelt
  (BMU): http://www.erneuerbare-energien.de/filead-
  min/ee-import/files/pdfs/allgemein/application/pdf/
  leitstudie2008.pdf
- Zum Gutachten des Sachverständigenrats für Umweltfragen: http://www.umweltrat.de/SharedDocs/
  Downloads/DE/04_Stellungnahmen/2010_05_Stel-
  lung_15_erneuerbareStromversorgung.pdf?__
  blob=publicationFile
- Zu globalen Investitionen erneuerbarer Energien:
  http://www.pewtrusts.org/uploadedFiles/wwwpew-
  trustsorg/Reports/Global_warming/G-20%20Report.
  pdf
- Zu Marktanteilen der Biobranche: http://www.
  boelw.de/uploads/media/pdf/Dokumentation/Zah-
  len__Daten__Fakten/ZDF2011.pdf
- Zu FSC - Forest Stewardship Council: http://www.
  fsc-deutschland.de/

ALTERNATIVEN ZUM HANDELN
WIDER BESSERES WISSEN (S. 197ff.)

- Zur UN/UNEP: http://www.unep.org/
- Zu Professor Andreas Diekmann: http://www.socio.
  ethz.ch/people/andreasd
- Zu Jagdish Sheth: http://www.jagsheth.net/
- Zur Theorie des überlegten Handelns:
  http://de.wikipedia.org/wiki/Theorie_
  des_%C3%BCberlegten_Handelns

▸ Zu Icek Ajzen – VC: http://people.umass.edu/~aizen/background.html

▸ Zu Festingers Theorie der sozialen Vergleichsprozesse: http://www.uni-bielefeld.de/ikg/zick/SozialerVergleich.pdf und http://www.social-psychology.de/sp/notizen/festinger-vergleich?pg=all

▸ Zur Agentur Interbrand: http://www.interbrand.com/de

▸ Zu Markenwerten: http://www.welt.de/wirtschaft/article109590116/Coca-Cola-und-Apple-wertvollste-Marken-der-Welt.html

GLOSSAR DER LAKOTA-BEGRIFFE

AIM	American Indian Movement, teilweise militante Organisation der Indianer Nordamerikas
Archie Fire Lame Deer	Medizinmann der Lakota und Aktivist für indianische Kultur (1935–2001)
Arvol Looking Horse	Hüter der heiligen Büffelkalbpfeife in 19. Generation, inoffizieller politischer Repräsentant der Lakota (geb. 1942)
Chanunpa Wakan	größtes Heiligtum der Lakota, die Weiße Büffelkalbpfeife

Conjure Pipe (auf Lakota: Piyá Chanunpa)	älteste Zeremonialpfeife mit einem Kopf aus schwarzem Stein
Dakota	gehören zur Grand Sioux Nation
Ernie LaPointe	anerkannter Urenkel von Sitting Bull
Geronimo	letzter Häuptling der Apachen, kapitulierte 1886 (1829–1909)
Hanbleceya	Die Visionssuche – eine der sieben heiligen Zeremonien
Hanhepi Wi	Mond, „Nachtsonne", Platz 5 in der Schwitzhütte
Heyoka	„heiliger Clown", der Gegenpart zum Medizinmann, „contrary"
Hunka Kacapi	Die Verschwägerung – eine der sieben heiligen Zeremonien
Iktome	Spinnengeist
Inipi	auf Lakota: „sie schwitzen": die Schwitzhütte – eine der sieben heiligen Zeremonien

Inyan	Fels, Platz 4 in der Schwitzhütte
Jumni-Wa	Meeresgöttin, Platz 12 in der Schwitzhütte
Lakota	gehören zur Grand Sioux Nation
Little Bighorn	am 25.6.1876 Schauplatz der Niederlage von General Custer – der letzte Sieg der Indianer
Maka	Erde, Platz 3 in der Schwitzhütte
Medizinrad	religiöses Symbol der Lakota, in Form eines Kreises mit vier Speichen, die für die zentralen Werte woksape (Weisheit), woohitika (Tapferkeit), wowacintanka (Seelenstärke) und wacantognaka (Großzügigkeit) stehen
Mitakuaye Oyasin	„Alle meine Verwandten" – das „Amen" bei den Lakota (bedeutet, dass alle miteinander verwandt sind und jeder jederzeit füreinander einzustehen bereit ist)

Mnikowoju	Stamm der Lakota
Nagi	Totengeist, Platz 14 in der Schwitzhütte
Nagi Yuhapi	Das Seelenhüten – eine der sieben heiligen Zeremonien
Nakota	gehören zur Grand Sioux Nation
Nija	Geist, Platz 13 in der Schwitzhütte
Olowanpi	Die Gesänge – eine der sieben heiligen Zeremonien
Paha Sapa	auf Lakota: Schwarze Berge, die Black Hills
Pipestone Mountain	Roter Felsen im Südwesten Minnesotas, aus dessen Stein die Köpfe von Zeremonialpfeifen geschnitten werden
Preta Wicasa	Feuermann, Feuerhüter – derjenige, der in der Schwitzhütte für Feuer und Steine zuständig ist

Ptesan Win	Weiße Büffelkalbfrau (White Buffalo Calf Woman), Götterbotin, die den Lakota die Weiße Büffelkalbpfeife brachte und sie in den sieben heiligen Zeremonien unterwies. Für manchen Lakota auch die Tochter von Wakan Taka
Red Cloud Agency	Sammellager der Lakota und Oglala zwischen 1871 und 1877. Danach umbenannt in Pine Ridge Agency, noch später in Pine Ridge Reservation
Schwitzhütte	eines der sieben heiligen Rituale bei den Lakota
Sioux	Nordamerikanisches Indianervolk und auch eine Sprachfamilie; unser Wort für Lakota, Nakota, Dakota
Sitschun	Intellekt, Platz 15 in der Schwitzhütte

Sitting Bull	Stammeshäuptling der Sioux (Hunkpapa-Lakota), ca. 1831–1890
Skan	auf Lakota: Bewegung – ein göttliches Element bei den Lakota, Platz 2 in der Schwitzhütte
Tapa Wankaheyapi	Das Ballspiel – eine der sieben heiligen Zeremonien
Tashunka Witko	Lakota-Name von Crazy Horse
Tatanka	Büffel, Platz 9 in der Schwitzhütte
Thaté	Wind, Platz 6 in der Schwitzhütte
Tipi	Indianerzelt
Tob Tob	Bär, Platz 10 in der Schwitzhütte
Tunkashila	Großvater, auch Großvatergeist, Name für den Großen Geist, also Gott, auf Lakota dasselbe Wort wie für „Stein"
Unk	Streit, Platz 7 in der Schwitzhütte

Vier	Heilige Zahl bei den Lakota. Es gibt vier Himmelsrichtungen, vier Winde, vier Elemente usw.
Wakanpi	Heilige Wesen, auch „Sechzehn große Geheimnisse" in der Schwitzhütte
Wacantognaka	auf Lakota: Großzügigkeit
Wakan Tanka	„Großer Geist", Gott
Wakinyan Wakan	auf Lakota: „Der geflügelte Donner", die „Gegenkraft" zu Wakan Tanka, Platz 8 in der Schwitzhütte
Wanbli Gleshka	auf Lakota: „Lied vom gefleckten Adler"
Wani	Vier-Himmelsrichtungen-Wind, Platz 11 in der Schwitzhütte
Whope	bei den Lakota die Tochter von Sonne und Mond, Frau des Südwinds, Herrin von Harmonie und Freude

Wi	Sonne, Platz 1 in der Schwitzhütte
Wicasa Wakan	heiliger Mann, Medizin-mann
Wiwang Wacipi	Der Sonnentanz – eine der sieben heiligen Zeremonien
Woksape	auf Lakota: Weisheit
Woohitika	auf Lakota: Tapferkeit
Wounded Knee	am 29.12.1890 Massaker an den letzten frei lebenden Indianern
Wowacintanka	auf Lakota: Seelenstärke
Yumni	Wirbelwind, Platz 16 in der Schwitzhütte

STICHWORTREGISTER

NOTIZEN

NOTIZEN

Prof. Dr. Franz M. Wuketits

ZIVILISATION IN DER SACKGASSE
Plädoyer für eine artgerechte Menschenhaltung

19,95 € (D)
20,60 € (A)
ISBN 978-3-86374-054-2

„Franz Wuketits hat sich einer spannenden Frage genähert. Das leicht zu lesende und kurzweilige Buch macht einen ersten Schritt zu einem notwendigen Umdenken in Bezug auf unsere Lebensgestaltung. Wollen wir wirklich uns permanent nach den Gesetzen eines nebulösen Marktes zu Tode schuften? Nach der Lektüre von Wuketits' Buch ist der Rezensent darin bestärkt, dagegen tatsächlich zu rebellieren."   Evo-Magazin

Dirk Althaus

DIE POSTFOSSILE EPOCHE
Weiterleben auf dem Blauen Planeten

14,95 € (D)
15,40 € (A)
ISBN 978-3-938396-06-3

„Man muss mit dem Verfasser nicht immer einer Meinung sein. Aber die Lektüre seiner Schrift ist unbedingt lohnend. Ob man will oder nicht: Nach der Lektüre sieht man nicht nur seine Umwelt, sondern auch sich selbst ein wenig anders – vermutlich richtiger."   Prof. Dr. Meinhard Miegel

Bernhard G. Suttner

DIE 10 GEBOTE
Eine Ethik für den Alltag im 21. Jahrhundert

7,95 € (D)
8,20 € (A)
ISBN 978-3-938396-14-8

„Man muss nicht, kann aber Christ oder Moslem sein, um diese aktuelle kosmopolitische Interpretation der Zehn Gebote gut zu finden. Denn die Maßstäbe für ‚gutes Leben' wurden so individualistisch verengt, dass für die Solidarität mit der Mit-, Um- und Nachwelt kaum Platz mehr übrig bleibt."   Prof. Dr. Peter Hennicke

Kai Ehlers
DIE ZUKUNFT DER JURTE
Kulturkampf in der Mongolei?
Gespräche in Ulaanbaatar mit Prof. Dr. Dorjpagma Sharav und
Dr. Ganbold Dagvadorj
14,95 € (D)
15,40 € (A)
ISBN 978-3-938396-01-8

„Für jeden Mongoleireisenden liegt eine hochinformative Lektüre vor, die man vor und nach dem Besuch des Landes zur Hand nehmen sollte, um ein Weltkulturerbe richtig oder besser zu bewerten und das Verständnis für die Erhaltung weltweit einmaliger, aber auch hochgradig gefährdeter Ökosysteme zu wecken."
Prof. Dr. Michael Stubbe

Dr. med. Daniel Dufour
DAS VERLASSENE KIND
Gefühlsverletzungen aus der
Kindheit erkennen und heilen
14,95 € (D)
15,40 € (A)
ISBN 978-3-86374-047-4

Viele Menschen haben Angst davor, sich irgendwann allein wiederzufinden. Oft wurde eine Person als Kind oder sogar schon als Säugling „verlassen", fühlte sich im Stich gelassen, vernachlässigt, nicht geliebt. Sich von solch tief sitzenden Wunden zu erholen, braucht Zeit und Hilfe. Daniel Dufour hilft den Betroffenen, ihre Gefühle zu erkennen, sich mit dem inneren Selbst vertraut zu machen und körperlich wie mental zu heilen.

Doris Kirch
HANDBUCH STRESSBEWÄLTIGUNG
Lernen Sie in fünf Schritten, den Tiger zu zähmen
Mit Übungs-CD
19,95 € (D)
20,60 € (A)
ISBN 978-3-938396-34-6

„Das Buch ist prall gefüllt mit Wissen und Erfahrung. Beispiele aus dem Alltag gehen hier Hand in Hand mit aktuellen Forschungsergebnissen und Veröffentlichungen. Doris Kirch stellt diese Inhalte jedoch so lebendig dar, dass sich das Buch trotz der hohen Informationsdichte sehr flüssig liest. (...) Das Wissen, das die Autorin an ihre Leser weitergibt, beruht auf 20 Jahren Erfahrung mit Stressbewältigung – eine Expertise, die man dem Buch anmerkt. Absolut empfehlenswert!"
managerSeminar

Unsere Bücher erhalten Sie bei Ihrem Buchhändler oder über unseren Internetladen:
www.mankau-versand.de

Ein Internetforum mit unseren Autor Leseproben, Veranstaltungstipps u unseren Newsletter finden Sie auf
www.mankau-verlag.de